KB182952

글 · 그림 Team. 신화

Team. 신화는 재미있는 만화를 만들기 위해 항상 노력하는 창작 그림 집단입니다. 작품으로는 《기탄 교과서 만화》, 《세계 여행기 시리즈》, 《한국 고전 천자문》, 《만화 어린이 꿈 발전소》, 《코믹 꿈꾸는 다락방》이 있습니다.

감수 경기초등사회과연구회
진로 탐색 감수 이랑(한국고용정보원 전임연구원)
추천 송인섭(숙명 여자 대학교 명예 교수)

 세계 인물

로자 룩셈부르크

개정판 1쇄 인쇄 2024년 11월 15일
개정판 1쇄 발행 2025년 1월 1일

글 · 그림 Team. 신화

펴낸이 김선식
펴낸곳 다산북스

부사장 김은영
어린이사업부총괄이사 이유남
책임편집 박세미 **디자인** 김은지 **책임마케터** 김희연
어린이콘텐츠사업1팀장 박정민 **어린이콘텐츠사업1팀** 김은지 박세미 강푸른
마케팅본부장 권장규 **마케팅3팀** 최민용 안호성 박상준 김희연
편집관리팀 조세현 김호주 백설희 **저작권팀** 이슬 윤제희 **제휴홍보팀** 류승은 문윤정 이예주
재무관리팀 하미선 김재경 임혜정 이슬기 김주영 오지수
인사총무팀 강미숙 이정환 김혜진 황종원
제작관리팀 이소현 김소영 김진경 최완규 이지우 박예찬
물류관리팀 김형기 김선민 주정훈 김선진 한유현 전태연 양문현 이민운

출판등록 2005년 12월 23일 제313-2005-00277호
주소 경기도 파주시 회동길 490
전화 02-704-1724 **팩스** 02-703-2219
다산어린이 카페 cafe.naver.com/dasankids **다산어린이 블로그** blog.naver.com/stdasan
종이 신승NC **인쇄** 북토리 **코팅 및 후가공** 평창피앤지 **제본** 대원바인더리

ISBN 979-11-306-5824-7 14990

• 책값은 표지 뒤쪽에 있습니다.
• 파본은 본사와 구입하신 서점에서 교환해 드립니다.
• 이 책은 저작권법에 의하여 보호를 받는 저작물이므로 무단 전재와 복제를 금합니다.
• 이 책에 실린 사진의 출처는 셔터스톡, 위키피디아, 연합뉴스 등입니다.

품명: 도서 | **제조자명**: 다산북스
제조국명: 대한민국 | **전화번호**: 02)704-1724
주소: 경기도 파주시 회동길 490
제조년월: 판권 별도 표기 | **사용연령**: 8세 이상
※ KC마크는 이 제품이 공통안전기준에 적합하였음을 의미합니다.

로자 룩셈부르크

Rosa Luxemburg

다산
어린이

자신만의 멘토를 만날 수 있는
who? 시리즈

다산어린이의 〈who?〉 시리즈는 어린이들은 물론 어른들에게도 재미와
감동을 주는 교양 만화입니다. 〈who?〉 시리즈는 전 세계 인류에 영향력을
끼친 인물들로 구성되었으며 인물들의 삶과 사상을 객관적으로 전해
줍니다.

이처럼 다양한 나라와 분야에서 활약한 위인들의 이야기를 통해 과학,
예술, 정치, 사상에 관한 정보는 물론이고, 나라별 문화와 역사까지 배우게
될 것입니다. 〈who?〉 시리즈의 가장 큰 장점은 위인들이 그들의 삶에서
겪은 기쁨과 슬픔, 좌절과 시련, 감동을 어린이들이 함께 느낄 수 있다는
것입니다. 어린이들은 이 책을 읽으면서 폭넓은 감수성을 함양하게 됩니다.

〈who?〉 시리즈의 어린이 독자들이 책 속의 위인들을 통해 자신만의
멘토를 만나 미래의 세계적인 리더로 성장하기를 진심으로 응원합니다.

존 덩컨 미국 UCLA 동아시아학부 교수

존 덩컨(John B. Duncan) 교수는 한국학 분야의 세계적인 석학으로
미국 UCLA 한국학 연구소 소장 및 동 대학의 동아시아학부 교수를
겸직하고 있습니다. 하버드 대학교 교환 교수와 고려 대학교 해외
교육 프로그램 연구센터장을 역임했으며, 주요 저서로는
《조선 왕조의 기원》, 《조선 왕조의 시민 행정의 제도적 기초》 등이
있습니다.

세상을 더 나은 곳으로 만든 사람들의 이야기

어린이들은 자라면서 수많은 궁금증을 가지게 됩니다. 그중에서도 "저 사람은 누굴까?"라는 질문은 종종 아이들의 머릿속을 온통 지배해 버리기도 합니다. 다산어린이에서 출간된 〈who?〉 시리즈는 그런 궁금증을 해결해 주기 위해 지구촌 다양한 분야의 리더들을 소개하고 있습니다.

〈who?〉 시리즈에 등장하는 인물들은 인종과 성별을 넘어 세상을 더 나은 곳으로 만든 사람들입니다. 어린이들은 이 책에서 디지털 아이콘으로 불리는 스티브 잡스는 물론 니콜라 테슬라와 같은 천재 발명가를 만날 수 있습니다.

책 속 주인공들의 어린 시절 이야기를 통해 기쁨과 슬픔, 도전과 성취감을 함께 맛보고, 그들과 함께 성장하면서 스스로 창조적이고 인류에 도움이 되는 사람이 되겠다는 포부와 자신감을 갖게 될 것입니다.

〈who?〉 시리즈 속에서 다채롭고 생동감 넘치는 위인들의 이야기를 만나 보세요.

에드워드 슐츠 하와이 주립 대학교 언어학부 교수

에드워드 슐츠(Edward J. Shultz) 하와이 주립 대학교 언어학부 교수는 동 대학의 한국학센터 한국학 편집장을 역임한 세계적인 석학입니다. 평화봉사단 활동의 하나로 한국에서 영어 교사로 근무한 경험이 있으며, 현재 한국과 미국, 일본을 오가며 활발한 활동을 펼치고 있습니다. 저서로는 《중세 한국의 학자와 군사령관》, 《김부식과 삼국사기》 등이 있고, 한국 중세사와 정치에 대한 다수의 기고문을 출간했습니다.

미래 설계의 힘을 얻는 길이
여기에 있습니다

어린이가 성장하는 시기에는 스스로 미래를 설계하며 다양한 책을
접하는 경험이 필요합니다.

어린 시절 만난 한 권의 책이 인생에 미치는 영향이 얼마나 큰지는
꿈을 이룬 사람들의 말을 통해서 알 수 있습니다. 빌 게이츠는 오늘날
자신을 만든 것은 동네의 작은 도서관이었다고 말하고, 오프라 윈프리는
어린 시절 유일한 친구는 책이었음을 고백하며 독서의 중요성에 대해
이야기합니다.

꿈을 이룬 사람들의 공통점은 또 있습니다. 그들에게는 어린 시절,
마음속에 품은 롤 모델이 있었습니다. 여러분의 롤 모델은 누구인가요?
〈who?〉 시리즈에서는 현재 우리 어린이들이 가장 닮고 싶어하는 롤
모델을 만날 수 있습니다. 버락 오바마, 빌 게이츠, 조앤 롤링, 스티브
잡스 등 세상을 바꾼 사람들의 감동적인 이야기를 담은 〈who?〉 시리즈는
어린이들이 구체적인 목표를 설정하고 희망찬 비전을 세울 수 있도록
도와줄 친구이면서 안내자입니다. 〈who?〉 시리즈를 통하여 자신의 인생
모델을 찾고 미래 설계의 힘을 얻을 수 있습니다.

송인섭 숙명 여자 대학교 명예 교수

숙명 여자 대학교 명예 교수이자 한국영재교육학회 회장으로
자기주도학습 분야의 최고 권위자입니다. 한국교육심리연구회
회장, 한국교육평가학회장, 한국영재연구원 원장을 역임했습니다.
자기주도학습과 영재 교육의 이론을 실제 교육 현장에 적용하기 위해
노력하고 있습니다.

평생을 이끌어 줄
최고의 멘토를 만날 수 있는 책

10대에 가장 중요한 것은 무엇일까요? 학과 공부와 입시일까요? 우리나라 최초의 국제회의 통역사로 30년 동안 활동하면서 글로벌 리더들을 만날 기회가 수없이 많았던 저는 대한민국의 초등학생들에게 특별한 조언을 해 주고 싶습니다. 그것은 큰 꿈을 가지는 것이 무엇보다 중요하다는 것입니다.

꿈은 힘들고 지칠 때 나를 이끌어 주는 힘이고 내 인생의 주인이 되어 일어설 수 있게 하는 원동력이 되어 줍니다. 꿈이 있는 아이가 공부도 잘하고 결국 그 꿈을 실현할 수 있게 되는 것입니다. 저 역시 어린 시절 품었던 꿈이 지금의 자리에 있게 한 원동력이었습니다. 남들이 모르는 큰 꿈을 마음속에 간직하고 있었기에 괴롭고 힘들어도 포기하지 않고 다시 일어설 수 있었습니다.

어린 시절 저에게도 힘들고 지칠 때마다 용기를 불어넣어 주고 힘이 되어 주었던 분들이 있었습니다. 지금의 자리로 저를 이끌어 준 멘토들처럼 〈who?〉 시리즈에서 여러분의 친구이자 형제, 선생이 되어 줄 멘토를 만날 수 있기를 바랍니다.

최정화 한국 외국어 대학교 교수

우리나라 최초의 국제회의 통역사로 현재 한국 외국어 대학교 통번역대학원 교수로 재직 중입니다. 세계 무대에서 자신의 꿈을 이룬 여성 신화의 주인공으로, 역시 세계에서 꿈을 펼치려고 하는 청소년들에게 멘토로서의 역할을 충실히 하고 있습니다. 저서로는 《외국어 내 아이도 잘할 수 있다》, 《외국어를 알면 세계가 좁다》, 《국제회의 통역사 되는 길》 등이 있습니다.

차 례

Rosa
Luxemburg

- 이름: 로자 룩셈부르크
- 생몰년: 1871~1919년
- 활동 국가: 독일
- 직업·활동 분야: 정치
- 대표작: 《자본축적론》

로자 룩셈부르크

러시아가 지배하던 폴란드에서 태어나, 세 살 무렵 병으로 다리를 절게 되었어요. 사회적 약자였지만 자신의 생각을 누구보다 당당하게 표현했지요. 로자는 모든 사람이 차별받지 않는 세상을 만들고자 혁명에 뛰어들어요. 온갖 편견을 이겨내고, 어느새 유럽 사회주의의 중심에 선 로자 룩셈부르크. 그녀는 어떻게 수많은 어려움을 이겨내고 신념을 지킬 수 있었을까요?

레오 요기헤스

부잣집에서 태어났지만 자신의 신념을 위해 위험을 무릅쓰고 혁명에 뛰어들었어요. 로자를 만난 뒤 평생 그녀의 곁을 지켰지요. 로자와는 서로의 부족한 부분을 채워 주는 동지이기도, 사랑하는 연인이기도 했어요.

카를 리프크네히트

로자와 같은 시기에 활동한 사회주의자입니다. 독일 사회 민주당이 신념을 지키지 않고 독일이 전쟁에 나서는 일을 돕자, 이들의 결정에 반대하며 로자와 함께 스파르타쿠스단을 만들었어요.

들어가는 말

- 사회적 약자로 태어났지만, 온갖 편견을 이기고 당대의 주목받는 혁명가가 된 로자 룩셈부르크에 대해 알아봐요.
- 로자 룩셈부르크가 태어나고 활동했던 유럽의 여러 나라에 대해 살펴봅시다.
- 로자는 자신이 살던 사회의 문제를 해결하고자 했어요. 오늘날 사회 문제와 사회 운동가가 하는 일에는 무엇이 있을지 알아볼까요?

1 걷고 말 거야!

폴란드 루블린주 자모시치.

아빠!

한나! 요제프! 이제 오니?

네!

이상한데. 너희 요즘 너무 일찍 오잖아. 혹시 수업을 빼먹고 오는 거 아니냐?

그런 거 아니에요!

그런데 로잘리아는요?

막냇동생 재롱을 보려고 일찍 왔군.

언니!

로잘리아!

한나, 그렇게 로잘리아가 좋으니?

나도 로잘리아 한번 안아 보자!

그럼요!

1871년 3월 5일. *로잘리아 룩센부르크는 폴란드의 작은 도시 자모시치에서 다섯 남매 중 막내로 태어났습니다.

로잘리아는 오늘 나랑 놀기로 했다고.

로잘리아를 얼른 내려놓지 못해!

자자, 얼른 마무리하자고.

얼른 가서 막내 아가씨와 놀려고 그러시죠?

들켰나? 요즘 로잘리아 보는 재미에 살거든!

*로잘리아 룩센부르크: 로자 룩셈부르크의 본명. 외국인도 부르기 쉽게 스스로 이름을 바꾸었습니다.

여보, 나 왔어요!

아빠!

어이쿠! 우리 공주님!

우리 막내 로잘리아! 이젠 제법 잘 뛰어다니는걸.

말도 마세요. 어찌나 호기심이 많은지, 로잘리아를 쫓아다니다 보면 제가 다 지칠 지경이라고요.

그래? 그럼, 이번 주말에는 아예 야외로 나가서 놀까?

여기야! 여기!

로잘리아는 화목하고 풍요로운 가정에서 귀여움을 받으며 자랐습니다. 어린 로잘리아에게 세상은 모두 행복으로 가득 찬 것만 같았습니다.

얼마 뒤.

드디어 떠나는군.

이 도시에서 평생을 살았는데, 떠나려니 정말 아쉬워.

하지만 큰 도시라면 여기보다 기회가 더 많을지도 몰라. 아이들이 수준 높은 교육을 받을 수도 있고.

그렇긴 하지.

이 무렵 많은 사람이 자모시치를 떠났습니다. 그중에는 룩센부르크 가족과 친분이 있는 집도 있었습니다.

잘 가게! 종종 편지하고.

물론이지. 그럼 잘 있게!

더 많은 기회와 수준 높은 교육이라.

독서 시간인가?
다들 책을 읽고
있군.

배웅은
잘했나요?

그럼요.

아이들은 모두 책을
읽고 있네요.

네. 요즘 부쩍
책에 관심을
보이더라고요.

흐음.

여보, 우리도 바르샤바 같은 큰 도시로 이사 갈까요?

네?

큰 도시는 공사가 많으니까 내 목재 사업을 크게 번창시킬 수 있을 거예요. 게다가……

아이들에게도 좋은 기회가 될 수 있고요.

로잘리아의 부모님은 교육에 관심이 많았고, 아이들에게 더 좋은 교육을 받게 해 주려는 마음을 가지고 있었습니다.

아무래도 대도시는 이곳보다 교육 환경이 좋겠죠?

그렇죠. 그리고 최근 법이 바뀌어서 우리 유대인도 고등학교에 진학할 수 있게 되었어요.

도시에 가면 아이들에게 더 많은 기회를 줄 수 있을 거야.

그래요, 가요. 당신 뜻에 따르겠어요.

얘들아, 아빠가 전할 소식이 있다!

정말이에요?

우리 이사 가기로 했다! 그것도 폴란드에서 제일 큰 도시, 바르샤바로!

당시 유대인은 직업이나 교육에서 큰 차별을 받고 있었습니다. 그래서 로잘리아의 부모님은 차별이 덜한 대도시로 이사 갈 것을 결심했습니다.

로잘리아가 두 살이 되던 해, 룩센부르크 가족은 폴란드의 수도인 바르샤바로 이사했습니다.

사스키 공원이란다! 저기는 프레지덴츠키 궁전, 그리고 저기가……

우아! 아빠, 여기가 어디에요?

와~!

이런, 애써 외웠는데.

로잘리아, 왜 그러니?

앗!

이상하네. 넘어진 적은 없는데.

다리가 아파.

갑자기 뛰어서 다리를 삔 거 아닐까?

조금 쉬면 괜찮아질 거야. 오늘은 이만 들어가자.

며칠 뒤 식사 시간.

로잘리아, 왜 그러니? 통 밥을 안 먹네.

엄마, 허벅지하고 엉덩이가 아파.

공원에 갔을 때부터 아팠는데, 지금은 훨씬 더 많이 아파!

어디, 아빠가 공주님이 얼마나 아픈지 한번 볼까?

1874년 10월 무렵. 세 살이 된 로잘리아는 다리에 극심한 통증을 느끼며 크게 울었습니다.

아파! 아파앗!

선생님! 우리 로잘리아는 어떤가요?

생명에는 지장이 없습니다.

하지만 다른 곳에 문제가……

아무래도 선천성 관절 이상이 의심됩니다.

서, 선생님! 그럼 로잘리아가 앞으로 걷지 못하게 되나요?

꼭 그렇지는 않습니다.

하지만 다리를 절게 될지도 모르겠습니다.

치료 방법은 없나요? 아직 어리니까 꾸준히 운동하면 나아질 수 있을 거예요.

아, 로잘리아! 로잘리아!

털썩

운동을 하면 오히려 다리에 더 무리가 갈 수 있어요.

일단 당분간은 집에서조차 걷지 않게 하세요.

지금으로선 뼈에 무리가 가지 않게 조심하며, 1년 정도 지켜봐야 할 것 같습니다.

네, 알겠습니다.

이후, 어린 로잘리아는 바깥출입도 하지 못하고 침대에 누워 지내야만 했습니다.

엄마! 밖에 나가고 싶어.

안 돼, 로잘리아. 당분간은 절대로 움직이면 안 돼.

하지만 나 혼자 심심하단 말이야. 언니랑 오빠는 밖에서 노는데!

답답하겠지만, 일 년 동안은 무슨 일이 있어도 안 돼.

조금만 참고 견디면 언니랑 오빠와 마음껏 뛰어놀 수 있을 거야. 그때까지만 집에 있자.

탁

방에 혼자 있으니 답답하고 심심해.

나도 나가서 놀고 싶어.

로잘리아······.

로잘리아가 침대에 누워 지내는 동안, 가족들은 로잘리아가 외로움을 느끼지 않도록 노력했습니다.

오빠랑 언니는 왜 내 방에서 숙제해?

그야 여기가 해가 제일 잘 들어오니까.

왜, 우리가 있는 게 싫어?

아니! 아주 좋아. 내가 언니랑 오빠가 공부를 잘할 수 있게 주문을 걸어 줄게.

공부 잘해라! 공부 잘해라!

자, 얘들아. 엄마가 로잘리아와 있을 테니 너흰 방으로 돌아가렴!

네!

엄마! 그거 알아요? 지붕 아래에 새가 둥지를 지었어요.

그래? 그걸 어떻게 알았지?

아침에 해가 뜰 때
새 울음소리가 들리는 걸요.
분명 예쁜 아기 새들이
태어난 화목한
둥지일 거예요.

엄마, 내가 새라면 색색의
유리로 집을 장식할 거예요.
그럼, 어떤 색을 쓰냐에 따라
기분도 달라지겠죠?

예를 들면?

파란색은 상쾌함!
빨간색은 활기침!
녹색은 신선함!
분홍색은 사랑!

로잘리아는
생각도 참신하고,
말도 재미있게
잘하는구나.

정말요?

나중에 훌륭한
작가나 연설가가 될지도
모르겠는걸?

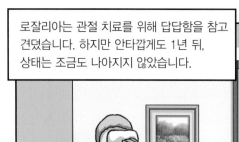

로잘리아는 관절 치료를 위해 답답함을 참고 견뎠습니다. 하지만 안타깝게도 1년 뒤, 상태는 조금도 나아지지 않았습니다.

나가! 모두 나가!

엄마 미워! 나한테 거짓말했어! 일 년만 지나면 걸을 수 있다고 했잖아!

로잘리아······.

로잘리아, 엄마 아빠는 널 위해 최선을 다하셨어.

알아. 하지만 걷지 못하는 날 보면 엄마랑 아빠가 더 슬퍼하시잖아. 난 그게 속상해.

언니! 만약에 내가 잘 걷게 되면 엄마랑 아빠가 기뻐하실까?

물론이지.

그럼 나 걸을래. 누구보다 건강한 모습을 보여 줄 거야.

나도 도와줄게. 의사 선생님이 틀렸다는 걸 우리가 보여 주자.

며칠 뒤.

그렇지!
한 걸음 더!

로잘리아!

엄마! 화내서 미안해.
하지만 지금은
화 안 났어.

엄마, 나 걸을 거야.
아파도 참고 걸을 거야.
그래서 다시 한번
엄마랑 아빠랑 공원에서
뛰어놀 거야!

암, 그래야지!
당연히 그래야지!

놀리지 마!
나 잘 걷는단
말이야!

헹!
우릴 쫓아오지도
못하면서!

로잘리아는
제대로 걷지도
못한대요.

저리 가!
내 동생 괴롭히지 마!

악!

로잘리아!

오빠, 오지 마!
나 혼자 걸을 수 있어!

난 잘 걸을 수 있어!
걸을 수 있다고!

로잘리아는 어린 시절부터 의지가 강한 소녀였습니다. 그래서 걷기 어려울 거라는 의사의 말에도 포기하지 않고 노력해서, 느리게나마 걸을 수 있게 되었습니다.

로자 룩셈부르크의 성공 열쇠

여성과 남성이 동등한 입장에서 사회 활동을 할 수 있게
된 것은 비교적 최근의 일입니다. 민주주의와 인권 운동의
선진국으로 알려진 유럽에서조차 20세기 초까지는
여성들에게 투표권이 없었지요.

남성 중심의 사회에서 여자가 이름을 남길 만한 업적을
세우는 것은 매우 힘든 일이었습니다. 게다가 로자
룩셈부르크는 여자라는 것 말고도 많은 약점을 가지고
있었습니다. 당시 유럽에서 멸시받던 유대인이었고,
장애를 가지고 있었으며, 가난한 동유럽 출신이었지요.
그럼에도 불구하고 로자 룩셈부르크는 20세기
혁명가들의 이름을 언급할 때, 빠지지 않는 중요한
인물이 되었습니다.

로자 룩셈부르크(1871~1919년)는 사회의 편견에
맞선 여성 혁명가입니다.

하나 장애에 굴복하지 않은 의지

로자 룩셈부르크의 일생에서 가장 먼저 이야기되는 것이
바로 몸이 불편하다는 점입니다. 로자는 어린 나이에
다리를 절게 되었고, 의사의 허락 없이는 침대에서 일어날
수도 없는 처지였습니다.

로자는 누워 있는 지겨운 시간을 달래기 위해 책을 읽거나
글쓰기를 하며 지식과 문장력을 쌓았습니다. 이것은 훗날
그녀가 사람들을 설득하는 데 활용한 가장 큰 수단이자
무기가 되었답니다.

또한, 로자는 필사적으로 걷는 연습을 했습니다. 장애를
이유로 남의 동정을 받고 싶지 않았기 때문이었지요.
약점은 오히려 로자에게 교양을 닦고 독립심을 키우는
계기가 되었습니다. 로자 룩셈부르크가 험난한 역사의

어린 시절의 로자 룩셈부르크. 로자는 부유한 유대인
가정에서 나고 자랐습니다. ⓒ ניאל צבי

흐름 속에서도 꺾이지 않는 여성 혁명가가 될 수 있었던 비결은 바로 남다른 의지 덕분이었습니다.

1919년의 로자 룩셈부르크

둘 가족의 사랑

로자 룩셈부르크가 장애로 고통을 겪을 때, 가장 큰 힘이 된 것은 바로 가족의 사랑이었어요. 부모님은 항상 로자의 방에서 같이 밥을 먹으며 이야기를 나누었습니다. 몸이 아픈 로자가 의기소침하지 않고 용기를 얻었으면 하는 마음에서였습니다. 오빠와 언니들도 로자가 아파 외출이 힘들 때, 번갈아가며 로자의 곁을 지키곤 했습니다. 또, 바깥출입이 편하지 않은 로자가 편지를 쓰자, 귀찮아하지 않고 성실하게 답장을 적어 보내주었지요. 다른 사람들과의 교제가 적은 로자를 외롭게 만들고 싶지 않았기 때문입니다. 이렇게 자란 로자는 후에 자신의 생각을 당당하게 많은 사람들 앞에서 펼칠 수 있게 됩니다.

로자를 기리는 폴란드어 기념비 © Tenax

로자가 고등학교에 입학할 수 있었던 것도 부모님의 역할이 컸습니다. 당시에는 여자들을 많이 가르치지 않았습니다. 하지만 로자의 부모님은 여자도 교육을 받아야 한다고 생각해 로자를 학교에 보냈습니다. 로자가 어른이 된 뒤에도 가족의 사랑은 식지 않았어요. 로자가 감옥에 갇혔을 때, 오빠들은 로자를 위해 목숨을 걸고 구출 작전에 나서기도 했지요. 가족의 사랑과 든든한 지원이 있었기에 로자는 자기가 옳다고 생각하는 일을 향해 한 치의 의심 없이 나아갈 수 있었습니다.

독일 베를린에 있는 로자의 무덤

셋 **세상과의 소통을 위해 시작한 글쓰기**

로자 룩셈부르크는 뛰어난 문장력과 연설로
유명했습니다. 로자는 매우 작은 키에 다리를 절었는데,
처음에 로자의 겉모습만 보고 무시했던 사람들도 연설을
듣거나 직접 쓴 편지를 받고 나면 금방 그녀를 따르곤
했답니다. 이렇게 뛰어난 문장력과 연설은 어려서부터
갈고닦은 글쓰기에서 비롯되었어요.

어린 시절 로자는 세상과 소통하기 위해 글쓰기를
시작하였고, 가족을 비롯한 주변 사람들과 편지를
주고받으며 의견을 나누었습니다. 스위스로 망명을 간
뒤에는 하숙집 주인이었던 칼 뤼베크 씨를 도와 신문
기사를 쓰곤 했지요.

이렇게 단련된 글쓰기는 로자가 세상을 향해 자기 주장을
내세울 수 있는 가장 강력한 수단이 되었습니다. 로자의 글은
다른 생각을 가진 사람들의 생각을 논리정연하게 반박하면서
많은 사람들을 설득했습니다. 특유의 섬세함과 함께 대중의
마음을 움직일 수 있는 강력한 설득력을 지녔던 로자의 편지와
글은 지금도 많은 사람에게 감동을 주고 있습니다.

1907년, 로자가 사람들 앞에서 연설하는 모습

who? 지식사전

유대인의 모습 ⓒ Boaz Gabriel Canhoto

유대인과 반유대주의

유대인은 본래 이스라엘 지방에 살던 사람들을 가리키는 말이었지만, 현재 여러
민족이 이스라엘에 들어와 살게 되고, 또 많은 유대인이 외국에 터전을 잡으며
지금은 유대교를 믿는 사람들을 일컫는 말이 되었어요.

유럽에 기독교가 전파되면서 유대인은 예수 그리스도를 죽인 민족이라는 이유로
많은 차별을 받았어요. 또 유대인들이 생계를 위해 돈을 빌려주며 높은 이자를
받는 고리대금업에 종사하면서부터 유대인을 미워하는 '반유대주의'가 널리
퍼졌지요. 반유대주의는 훗날 독일의 독재자 아돌프 히틀러에 의해 인종 대학살로
이어졌습니다.

로자 룩셈부르크를 기리는 조형물

넷 세상을 바꾸고자 한 신념

로자 룩셈부르크는 독립심이 강하고 자기 주관이
뚜렷했습니다. 그래서 자기가 옳다고 생각하는 일
앞에서는 절대 타협하지 않았을 뿐만 아니라 목숨을
거는 일도 마다하지 않았지요.
어려서부터 많은 차별을 받았던 로자는 자기 자신의
출세나 안정보다 가난한 사람들의 삶을 개선하는
일에 더 많은 관심을 가지고 있었습니다. 그래서 가난과
부당한 대우로 고통받는 사람들을 위해 사회를 바꾸려고
노력했습니다.
이런 로자의 강한 신념은 반대파들에 의해 심한 탄압을
받았습니다. 심지어 목숨의 위협을 받기도 했지요. 하지만
로자는 무섭거나 힘들다고 자신의 선택을 꺾거나 물러서지
않았어요. 자기가 올바르다고 생각한 것에 있어서는 끝까지
마음을 바꾸지 않았고, 노동자들이 행복하게 살 수 있는
세상을 만들기 위해 더욱 열심히 노력했습니다. 이러한
신념이 있었기에 로자 룩셈부르크는 격변하는 세상 속에서도
독보적인 여성 혁명가로 이름을 남길 수 있었습니다.

1899년에 로자가 낸 논문. 폴란드의
산업 개발에 대한 내용입니다.

동유럽은 어떤 곳일까?

동유럽은 발트해에서 발칸반도에 이르는 유럽 동쪽 지역의 여러 나라를 일컫는
말입니다. 원래 동유럽 국가는 폴란드, 체코슬로바키아, 헝가리, 루마니아,
불가리아, 유고슬라비아, 알바니아 이렇게 7개국이었어요. 그러나 1990년대 이후
민족 분쟁을 겪으면서 유고슬라비아와 체코슬로바키아가 여러 개의 나라로 분리
독립하여 그 수가 늘어났습니다.
제2차 세계 대전 이후, 대부분의 동유럽 국가들은 소련에 의해 공산주의 국가가
되었어요. 하지만 1991년 소련이 해체되면서 많은 나라가 자유주의 국가로
돌아섰답니다.

발트해의 아름다운 노을

② 차별을 딛고

자, 오늘도 새로 배운 단어들을 써 볼까?

네!

로잘리아의 어머니는 늘 책을 가까이하는 사람이었습니다. 그런 어머니의 영향 덕인지 로잘리아 역시 글을 읽고 쓰는 것을 빠르게 터득할 수 있었습니다.

다 썼다!

벌써?

네!
읽어 보세요.

아침부터 종달새가 지지배배
노래 불러요.

강아지는 새들과 함께 노래
부르느라 멍멍 짓는데,

이웃집 고양이는 시끄럽다고
냐옹냐옹 투덜거려요.

막 잠이 깬 나도 동물들 소리에
취 노래 부르고 싶은데
입에서는 하품만 나와요.

글을 배운 지 얼마 안 된 것
치고는 잘 쓰는데?
또래 애들보다 표현도
뛰어나고.

참 잘했어요!

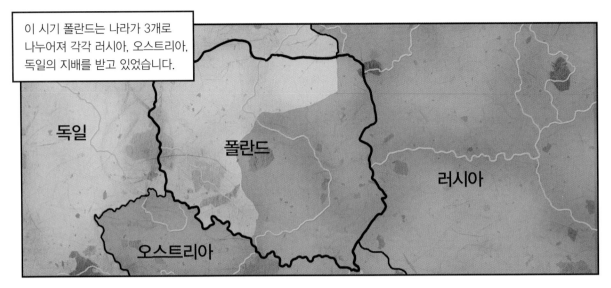

이 시기 폴란드는 나라가 3개로 나누어져 각각 러시아, 오스트리아, 독일의 지배를 받고 있었습니다.

독일

폴란드

러시아

오스트리아

바르샤바는 러시아의 지배 영역이라 러시아어를 써야만 해.

그건 다른 말로 하면······.

폴란드어 쓰지 마! 내가 알아듣게 러시아어로 해!

공공장소에서 폴란드어는 사용 금지라는 뜻이지.

이런 복잡한 상황 때문에 로잘리아는 어린 시절부터 여러 나라의 언어를 많이 접하고 배우게 됐습니다.

로잘리아! 몇 개 국어로 인사할 수 있니?

폴란드어와 러시아어, 독일어요.

독일어? 엄마는 너한테 독일어를 가르쳐 준 적이 없는데? 누가 가르쳐 줬지?

이히히, 그건 비밀!

아빠!

아, 아빠가 알려 주었구나.

자, 독일어로 아침을 뭐라고 하지?

모르겐!

점심은 미타크, 저녁은 아벤트, 밤은 나흐트!

이 녀석! 가르치는 재미가 없게 너무 잘하잖아?

부모님의 훌륭한 가르침 아래, 로잘리아는 남보다 일찍 글을 읽고 쓸 수 있었습니다. 그래서 어렸을 때부터 책을 읽으며 많은 시간을 보냈습니다.

언젠가……, 언젠가는 나도 경험할 수 있을 거야.

책은 로잘리아에게 많은 것을 알려 주었습니다. 그래서 이 시기 로잘리아는 책을 읽으며 자주 생각에 잠겼습니다.

응? 엄마,
왜 그렇게
쳐다보세요?

어쩐지……, 네가
요즘 부쩍 어른스러워
보여서.

정말요? 그건 제가 책을
많이 읽어서 그렇게
보이는 걸 거예요.

책을 통해 다양한 사람들의
삶을 알게 되니, 저도 모르게
생각을 깊게 하고 말도
신중히 하게 돼요. 그래서
어른스러워 보이는 게
아닐까요?

그렇구나. 어쨌든
엄마는 네가 잘 자라
줘서 기쁘단다.

하지만 책을 읽는 것만으로는
외로움을 해결할 수 없어.
뭔가 다른 방법이 없을까?

안녕하세요?
편지입니다!

우체부 아저씨다.
오늘은 어느 집에 편지를
전달하는 걸까?
그리고 편지에는 무슨
내용이 쓰여 있을까?

아!

바로 이거야!

로잘리아,
엄마 왔다!

이상하네.
내가 시장에
다녀올 때면 항상
내다보곤 했는데.

편지?

엄마에게.
하고 싶은 이야기가
있으시면 제 방으로
편지 주세요.

 - 로잘리아 룩셈부르크

로잘리아,
어디 아프니?

덜컹

너 괜찮은 거니?

엄마, 안 돼요!
규칙을 어겼다고요.

규칙이라니?

내가 편지를 썼잖아요!
그러니까 엄마도 편지로
답장해야 해요!

편지를 주고받고
싶은 거구나.

네!

그래, 엄마가
답장을 써 주마.

로잘리아에게,
엄마는 네가 혼자서 많은 것을
해내는 것이 대견하단다.
하지만 가끔은 네가 엄마에게
의지했으면 좋겠어.
엄마는 언제나 널 기다리고
있단다.

엄마,
항상 고마워요.

로잘리아는 시간이 날 때마다 가족들에게 편지를 썼고,
가족들은 편지를 받는 대로 답장을 써 주었습니다.

로잘리아가 나에게
편지를 썼어.
어떻게 해야 하지? 직접
찾아가서 말해 줘야 하나?

그건 안 돼.
로잘리아가 기다리는 건
편지라고.

그렇구나.
다른 사람에게서
편지를 받으면 설레는
기분이 드니까.

맞아, 편지를 받으면
기뻐. 그리고
그 내용도 궁금하고.

로잘리아는 편지로
그런 걸 느끼고 싶었던 게
아닐까?

그럼 우리도
로잘리아에게 정성을
다해 편지를 써 주자.

며칠 뒤.

요즘 편지가
안 오네.

저번에 로잘리아랑
다퉜잖아. 아직 화가
덜 풀린 걸까?

로잘리아가 편지를
보냈어!

로잘리아는 편지를 통해 가족들과의 관계를 더욱 돈독히 했고,
말로 하기 어려운 가슴속 깊은 이야기를 전하기도 했습니다.

언니랑 오빠가 학교에서 일어난 일을
이야기할 때면 가끔 질투가 나기도 해.
그래서 내 생각과 달리 짜증을 내거나
고집을 피울 때도 있어. 그렇다고 해서
언니나 오빠가 미운 건 아니야.
며칠 전 일은 미안해. 모두 모두 정말 사랑해.

로잘리아. 우리도
그렇단다.

비슷한 뜻이라도 단어에 따라 내용에 차이가 생겨. '해 주세요.' 라고 쓰는 것보다 '반드시 해 줘!' 라고 쓰면 내 주장을 더 확실하게 전달할 수 있어.

편지 쓰기를 통해 로잘리아는 자신의 생각을 정확하고 분명하게 표현하는 방법을 배웠습니다. 글쓰기 실력도 많이 좋아졌습니다.

이때부터 시작한 로잘리아의 편지 쓰기는 평생 지속됐고, 로잘리아는 편지를 통해 수많은 사람을 만나고 우정을 나눌 수 있었습니다.

동네 빵집 아주머니가 보냈다. 너한텐 정말 편지 친구가 많구나.

늘 감사합니다!

괜찮겠어? 다리 저는 걸 들키는 게 싫다고 바깥출입을 거의 안 했잖아.

지금은 달라. 책을 읽고, 편지를 쓰면서 나에게 생각을 조리 있게 표현하는 재능이 있다는 것을 알았어.

오빠! 그게 무슨 뜻인 줄 알아?

모르겠는데?

난 다리를 절지만, 할 수 있는 것들이 많아. 글쓰기, 말하기, 상상하기······.

내가 좀 더 잘할 수 있는 것들이 있다는 걸 알게 되었어.

다리를 전다는 이유만으로 내가 움츠러들 필요는 없는 거야!

그래서 이제 난 다리를 저는 게 부끄럽다고 생각하지 않아.

앞으로 당당하게 밖을 돌아다닐 거야!

이 시기부터 로잘리아는 장애를 극복할 수 있다는 자신감을 갖게 됐고, 사람들의 시선도 두려워하지 않게 됐습니다.

넌 정말 최고의 동생이야!

말해 보렴.

아빠, 말씀드릴 게 있어요.

저도 이제 아홉 살이 됐잖아요.

학교에 가고 싶어요!

뭐?

오빠들이 집을 떠난 지도 벌써 몇 년이 됐어요.

어쩔 수 없지. 고등학교에서는 기숙사 생활을 해야 하니까.

그런데 왜 저는 학교에 못 가죠? 제가 남자가 아닌 여자라서인가요?

그건 아니다! 아빠는 여자도 남자랑 똑같은 교육을 받아야 한다고 생각해.

다만 네가 다리 저는 유대인이라고 놀림당할까 봐 걱정된단다.

아빠, 걱정하지 마세요. 전 할 수 있어요.

우리가 바르샤바로 이사 온 건 너희 모두의 교육을 위해서였어. 네가 바란다면 당장에라도 학교에 보내 주마.

얼마 뒤 로잘리아는 바르샤바 중학교에 입학했습니다. 부모님과 함께 꾸준히 공부를 해 왔던 로잘리아는 우수한 성적을 낼 수 있었습니다.

이번에도 일 등은 로잘리아 룩센부르크다.

몇 년 뒤.

로잘리아. 이제 곧 중학교를 졸업하지? 그럼 고등학교에도 진학해 보지 않을래?

정말이요? 가고 싶어요!

하지만 유대인은 차별 때문에 갈 수 있는 학교가 거의 없지 않나요?

그건 걱정하지 마라. 바르샤바 제2 여자 고등학교에 자리가 났거든.

거긴 부자들만 다닐 수 있는 학교잖아요!

학비 정도는 아빠가
마련할 수 있어.
다만 입학시험이 까다롭다던데,
통과할 수 있겠지?

그럼요!

입학시험장.

저기 봐! 완전 난쟁이야.

설마 초등학생이
시험장을 잘못 찾아
온 건 아니겠지?

장애 때문에 내 키가
작은 건 사실이야.
하지만 지식이 너희들보다
부족하지는 않아!

일등

로잘리아는 사람들의 비웃음을 이겨 내고
바르샤바 제2 여자 고등학교에 우수한
성적으로 입학했습니다.

바르샤바 제2 여자 고등학교는 폴란드를 지배하는 러시아 사람들과 폴란드 부유층이 다니던 학교였습니다. 그래서 같은 폴란드 사람 중에서도 가장 큰 차별을 받고 있던 유대인은 매우 드물었습니다.

쟤, 유대인이라며?

그렇다더라. 교장 선생님은 참 마음도 좋으셔.

유대인에 다리까지 저는 장애인을 입학시켜 주고 말이야.

제 주제에 이런 고급 교육이 가당키나 해? 주제 파악을 해야지.

우뚝

왜? 우리 말에 불만 있니?

너희는 내 신체적 약점과 출신을 가지고 날 비웃지만, 그건 너희가 잘 걷는다는 것 빼고는 나보다 나은 게 없기 때문이야.

유대인 따위가 뭐라고
하는 거야!

날 이 학교에서 내쫓고 싶다면,
나보다 높은 점수를 받아.
그럼, 내가 나가 주지.

뭐, 뭐라고?

쟤는 일등을 도맡아
하고 있다고.

정말?

로잘리아는 유대인이면서 장애인인 자신을
차별하는 분위기를 극복하기 위해 온 힘을
다해 노력했습니다.

몇 시간 동안 한 번도
쉬지 않고 있어!
어떻게 저럴 수 있지?

정말 대단해.

어?

뚝

너무 무리했나 봐.
조퇴하는 게 어때?

아니, 조퇴하지
않을 거야!

가뜩이나 다리를
전다고 놀림당하는데,
약골이란 소리까지 듣고
싶지 않아.

나 같으면 당장
집으로 돌아갔을 텐데.
독하다, 독해!

일등을 하는 데는
다 이유가 있는 거야.
난 오히려 로잘리아가
존경스러워.

로잘리아! 난 졸업식 때 금메달을 따는 것이 목표야!

가장 우수한 학생에게 준다는 상 말이지?

응! 그래서 난 벌써 상급 과정을 공부하고 있어.

정말?

그럼, 나도 내일부터 상급 과정을 공부하겠어!

좋아. 모르는 것이 있으면 이 조피아에게 물어보라고!

이제 우린 선의의 경쟁자인 걸까?

그렇지! 졸업식 금메달을 두고 경쟁하는 거야.

로잘리아에 대한 차별은 여전했지만, 시간이 흐르면서 그녀의 노력을 인정하는 친구들이 하나둘 생겼습니다.

로자 룩셈부르크의 나라, 폴란드

브와디스와프 1세는 폴란드를 통일하고,
군사와 행정 조직을 다듬었습니다.

폴란드는 유럽 중부의 발트해와 접한 나라로 6세기경까지
여러 부족의 지배를 받다가 10세기 무렵 폴라니에족이
차지하면서 나라의 형태를 이루게 되었습니다. 폴란드라는
이름도 이때 나라를 구성한 폴라니에족에서 유래했습니다.
기독교를 받아들이며 국가의 틀을 갖춰 가던 폴란드는 몽골의
침입과 러시아와의 전쟁 등으로 국력이 약해져 분열되고
말았습니다. 그러나 14세기 초, 브와디스와프 1세가 분열된
지역을 통합하면서 세력을 회복했지요. 화폐를 발행하고
대학을 세우는 등 경제와 문화가 발달할 수 있는 환경을
만들며 중부 유럽을 대표하는 나라가 된 폴란드는
1410년에 독일을 격파하는 것을 시작으로 세력을 넓혀
갔으며, 16세기에는 발트해부터 흑해에 이르는 유럽
최대의 왕국으로 발전했어요.

10세기 폴란드의 영토. 분홍색으로 표시된 부분이
폴란드입니다. ⓒ Poznaniak

하나 러시아, 오스트리아, 독일의 지배를 받다

16세기 말, 폴란드의 왕이었던 지크문트 3세는 수도를
남부에서 중부로 옮겼습니다. 이는 폴란드가 동쪽으로

who? 지식사전

식민지란?

원래 식민지는 거주하던 곳을 버리고 새로운 곳으로 이주해 개척한 지역이라는 의미가 강했습니다. 그런데 산업 혁명 뒤,
유럽 강대국들이 아시아와 남아메리카, 아프리카 대륙을 침략해 자원을 빼앗고, 남는 물품을 이곳에 팔아넘기며 식민지는
강대국에 의해 착취당하는 나라가 되었습니다. 이처럼 한 나라의 광물이나 노동력 등 그 나라가 가진 자원을 빼앗는 것이
식민지 건설의 가장 큰 목적이었어요. 식민지의 원주민들은 가혹한 노동을 강요받거나, 살던 곳에서 쫓겨나곤 했습니다. 로자
룩셈부르크를 비롯한 대부분의 사회주의자들은 노동자의 희생을 강요하는 식민지 정책을 부정적으로 보았어요.

영토를 넓히겠다고 선언한 것과 마찬가지였지요. 이때부터 폴란드는 영토를 놓고 주변 국가들과 전쟁을 벌이기 시작했습니다. 17세기에는 당시 가장 강력한 세력 중 하나였던 오스만 제국과 전쟁을 치렀고, 발트해를 차지하기 위해 스웨덴과 전쟁을 벌였습니다. 이렇게 전쟁이 계속되자 폴란드의 국력은 점점 약해졌고 주변에 있던 러시아, 오스트리아, 독일이 폴란드를 침범하기 시작했어요. 처음에 폴란드는 세 나라의 침략을 잘 막아 냈지만, 국내에서 일어난 반란과 계속된 전쟁으로 결국 그들에게 무릎을 꿇고 말았습니다. 1795년 러시아, 오스트리아, 독일은 폴란드를 세 지역으로 나눠 각각 지배하였습니다. 폴란드는 100년이 넘는 긴 시간 동안 세 나라의 통치를 받아야 했지요. 이 시기 각지에서 독립 운동이 일어났으나 대부분 실패했고, 그로 인해 많은 사람이 조국에서 탈출하여 떠돌게 되었습니다.

폴란드는 제1차 세계 대전 이후에 세 나라로부터 독립했어요. 그러나 제2차 세계 대전 시기, 나치 독일의 침입을 받으면서 전체 인구의 5분의 1에 해당하는 600만 명의 사람들이 죽거나 다치는 비극을 겪기도 했습니다.

17세기 초 폴란드 의회. 이 의회에서 왕도 선출했습니다.

1938년 제2차 세계 대전 당시 폴란드의 수도 바르샤바. 이 전쟁은 폴란드에 큰 피해를 입혔습니다.

슬라브인은 어떤 민족일까?

슬라브인은 현재 러시아, 폴란드, 체코 등 동유럽 인구의 대부분을 차지하는 민족이에요. 이들은 오래전부터 동유럽 땅에 정착해 많은 국가를 세웠어요. 하지만 이들이 세운 나라는 외부의 침입을 받아 길게 유지되지 못했습니다. 그러다 슬라브인의 일족인 동슬라브인에 의해 러시아 제국이 건설된 뒤, 18세기 무렵부터 슬라브 민족 해방 운동이 일어났습니다. 제1차 세계 대전 이후에는 슬라브인에 의한 독립 국가들이 하나둘 생겨나기도 했지요. 이는 현재의 동유럽 국가들이 만들어지는 발판이 되었습니다.

슬라브인의 전통 의상

둘 폴란드의 공산화 과정과 민주화 운동

제2차 세계 대전이 끝나고, 폴란드 사람들은 새로운 정부를 세우기 위해 선거를 실시했습니다. 1947년에 열린 첫 선거에서 공산주의 연합이 승리했고, 공산주의 정부가 들어섰지요. 하지만 경제 정책의 실패와 지도층의 비리로 인해 전국적으로 노동자 파업이 일어났습니다. 노동자들의 시위가 거세지자 정부는 중심 인물들을 감금하는 등 강경하게 대처했습니다. 그러나 이 행동은 오히려 더 큰 반발을 일으켰고, 1,000만 명에 이르는 노동자들이 한마음으로 민주화를 외치게 만들었습니다. 결국 정부는 노동자들과 타협해 자유 선거를 치르기로 하지요. 1989년에 실시한 선거에서 공산주의 정부가 패배하며, 동유럽 국가 중 처음으로 폴란드에 민주주의 정부가 들어섰습니다. 그리고 1990년에 국민들이 직접 대통령을 뽑을 수 있는 권한이 생기면서 노동자 시위를 주도했던 바웬사가 국민이 선거로 뽑은 첫 대통령이 되었습니다. 이후로부터 지금까지 폴란드는 민주주의 체제를 유지하고 있답니다.

식량 배급을 받기 위해 줄 선 폴란드 사람들(1970년). 폴란드 공산주의 정부가 경제 정책에 실패하며 많은 사람들이 고통을 당했습니다.

who? 지식사전

바르샤바의 전경 ⓒ DocentX

폴란드의 수도, 바르샤바

바르샤바는 폴란드의 수도로, 13세기부터 있었던 역사 깊은 도시예요. 1596년에 정식 수도가 된 이래 외세의 침략이 있기 전까지 폴란드의 정치, 문화, 경제의 중심지 역할을 했지요. 바르샤바는 폴란드가 독립한 1918년에 다시 수도가 되었지만, 안타깝게도 1944년에 시가지에서 전투가 벌어지면서 건물의 80퍼센트 이상이 파괴되고 말았어요. 그러나 전쟁이 끝난 뒤, 시민들이 시작한 바르샤바 복원 운동으로 현재는 예전 모습을 거의 되찾게 되었습니다.

천재 피아니스트, 프레데리크 쇼팽

작곡가이자 피아니스트인 쇼팽(1810~1849년)은
여덟 살에 공개 연주회를 열 정도로 천재적인 재능을
가지고 있었습니다. 이후, 유럽 최고의 피아니스트가
된 쇼팽은 많은 피아노 연주곡을 작곡하기도 했습니다.
쇼팽의 작품은 대부분 가슴을 울리는 낭만적인 곡이어서
지금까지 많은 사람의 사랑을 받고 있습니다.

프레데리크 쇼팽은 풍부하고 낭만적인 피아노
곡으로 유명합니다.

조국을 사랑한 과학자, 마리 퀴리

마리 퀴리(1867~1934년)는 폴란드의 바르샤바에서
태어났습니다. 당시 폴란드에서는 여자가 대학교에
입학할 수 없었어요. 그래서 마리는 프랑스로
건너가 대학교에 들어갔고, 거기서 수학과 물리학을
공부했습니다. 방사성 원소인 우라늄을 연구하던
마리는 폴로늄과 라듐이라는 물질을 발견하여 1903년에
노벨 물리학상을 받았습니다.
그녀는 이 물질에 조국인 '폴란드'의 이름을 따 붙여
조국에 대한 사랑을 표현했습니다.

마리 퀴리는 자신이 발견한 물질에 폴란드의 이름을
따 붙였습니다.

뛰어난 소설가, 헨리크 시엔키에비치

폴란드 귀족 집안에서 태어난
헨리크(1846~1916년)는 미래가 기대되는
의학도였지만 문학, 역사, 철학으로 전공을
바꾸었습니다. 그 후, 강대국에 의해 분열된 조국의
현실을 안타까워하며 폴란드의 역사성과 민족성을
주제로 글을 쓰곤 했습니다. 그는 1896년에 옛 로마를
배경으로 한 장편 역사 소설 《쿠오 바디스》를 썼고,
1905년에 이 작품으로 노벨 문학상을 받았어요. 제1차
세계 대전 중에 스위스로 건너간 헨리크는 조국의
독립을 위해 모금 운동을 벌이다가 세상을 떠났습니다.

헨리크 시엔키에비치는 1905년 노벨 문학상을 받은
폴란드의 소설가입니다.

3 사회주의를 꿈꾸다

로잘리아가 자라던 시기, 바르샤바를 포함한 폴란드 일부는
러시아의 지배를 받고 있었기 때문에 폴란드인은
사회나 직장에서 러시아인보다 못한 대우를 받았습니다.

러시아인과 같은
임금을 달라!

폴란드인에게도 동등한
취업의 기회를 달라!

우리에게 고급
교육의 기회를 달라!

시위 금지! 당장 직장으로 돌아가라!

으악!

이런 상황 속에서 학교에서는 폴란드 역사를 가르치지 않는 것은 물론, 쉬는 시간에도 폴란드어를 사용할 수 없게 되었습니다.

Доброе утро. Занятия будут начинаться. 좋은 아침입니다. 수업을 시작하겠습니다.

수업도 러시아어,
노래도 러시아어.
폴란드어를 쓸 수 있는 것은
그나마 폴란드 문법을 배우는
시간뿐이야.

쉬는 시간까지
러시아어를
사용하라고 하다니,
너무 심한 거 아니야?

이젠 머릿속까지
러시아인이 돼 버릴
것 같아.

이게 다 러시아
*차르의 엉터리 정책
때문이야!

쉿! 여긴 러시아
학생도 있다고!

벌떡

러시아에 지배받는 현실에 불만을
품은 로잘리아는 때때로 러시아나 유럽
강대국의 왕을 조롱하는 *풍자시를
쓰곤 했습니다.

와, 이거 내용이
재미있다. 나중에 내가
따로 적어 가도 돼?

*차르: 러시아를 다스리는 황제의 칭호
*풍자시: 사회나 인생의 모순되고 불합리한 점을 날카롭게 폭로하고 비웃는 내용의 시

독일 황제여!
간곡하게 부탁하노니,

평화를 깨 버릴
생각일랑 마세요!
유럽을 위해서랍니다.

로잘리아 룩셈부르크!

이크!

요즘 유행하는 괴상한
시인지 뭔지, 그거 네가
쓴 거지?

그, 글쎄?
무슨 말인지.

내가 먼저 들었기에
망정이지. 자칫 선생님
귀에 들어갔다간
넌 퇴학이야.

철없이 행동하지
말라고.

뭔가 강요당하는 것 같아서 마음이 답답해.

나도 마찬가지야.

폴란드에 대한 것을 마음껏 공부하고 떠들 수 있는 곳이 있었으면 좋겠어.

그런 곳이 있을 리가 있니? 사방에 비밀경찰이 눈을 번득이고 있는데.

어?

왜 그래?

생각해 보니 불법이긴 하지만 학교에 비밀 모임이 있다는 소문을 들은 기억이 나.

진짜?

경찰의 눈을 피해 만든 조직인데, 학교에서 가르치지 않는 것을 가르쳐 준대.

일종의 비밀 강연회로구나. 나도 거기에 가입하고 싶어!

로잘리아는 학교에 비밀 모임이 있다는 이야기를 듣고, 위험을 무릅쓰고 그 모임에 가입했습니다. 로잘리아는 그곳에서 러시아 지배 아래에서는 배울 수 없었던 폴란드의 문학과 역사에 대해 배울 수 있었습니다.

새로 들어온 회원이지?
아까 보니까 강의는 열심히 듣는 것 같던데 왜 토론에는 참여 안 하지?

마음은 굴뚝같지만 뭘 알아야지요.

하긴, 처음엔 모르는 게 많겠지. 학교에서 가르쳐 주지 않은 것들을 알려 주니까.

그럼 이 책을 읽어 봐. 도움이 될 거야.

아담 미츠키에비치?

판 타 데우시

아담 미츠키에비치

아담 미츠키에비치(1798~1855년)는 폴란드 독립을 위해 활동한 문학가입니다. 그는 나라와 민족을 사랑하는 마음을 아름다운 서정시로 표현해 많은 사람에게 감동을 주었습니다.

이렇게 아름다울 수가! 이게 문학이구나. 나도 이렇게 감동적인 글을 쓰고 싶어.

로잘리아는 아담 미츠키에비치의 시 외에도 많은 책을 읽고 회원들과 토론했습니다.

선배, 제가 책을 읽다가 잘 모르는 부분이 있어서요.

뭐지?

여러 책에서 '사회주의'라는 말이 가끔 보이는데, 이게 도대체 뭐죠?

음. 확실히 너에게는 조금 어려울 수도 있겠다.

사회주의란 부자도 거지도 없이 모두가 평등하게 살자는 주장을 말해.

그게 가능한가요?

생각해 봐. 어떤 사람은 열심히 일해도 가난하고, 어떤 사람은 놀면서도 부유해. 이건 뭔가 불공평하지 않니?

맞아요!

사회주의란 부유한 사람과 가난한 사람이 생기지 않도록 모두가 공정하게 돈을 나눠 갖자는 사상입니다.

왜 난 열심히 일을 하는 데도 부자가 될 수 없지?

이 세상은 불공평해!

부자

저 녀석은 우리만큼 일하지 않는다고!

사회주의는 모두 함께 일해서 평등하게 나눠 가져야 한다고 이야기해. 모두가 평등하게 살 수 있는 세상이 이루어져야 한다는 거지.

폴란드만이 아닌 이 세상의 모든 사람을 위해서 말이죠?

그렇다고 할 수 있어.

폴란드가 독립한다고
해서 *빈부 격차가
사라지지는 않아.
유대인에 대한 차별도
지금과 크게 달라지진
않을 거야.

하지만 사회주의 사상이
실현되면 이야기가
달라져.

로잘리아는 이 일을 계기로 사회주의에서 이야기하는 평등
사상에 관심을 두게 되었고, 이때부터 폴란드의 독립보다
사회주의 사상에 더 주목하게 됐습니다.

사회주의 사상이 실현되면 폴란드인과
유대인, 그리고 나 같은 장애를 가진
사람까지 모두 평등해질 수 있어!

*빈부 격차: 가난함과 부유함의 차이

사회주의에 대해 더 잘 알려면 카를 마르크스의 책을 읽어 보도록 해.

카를 마르크스?

그는 노동자들이 일에 대한 정당한 대가를 받아야 한다고 주장한 독일의 경제학자이자 사회주의자야.

마르크스도 나처럼 유대인 출신이구나.

마르크스가 꿈꾸는 세상은 정말 대단해. 그런데 과연 이런 세상이 만들어질 수 있을까?

며칠 뒤.

로잘리아! 얼마 뒤에 프롤레타리아당 출신의 생존자가 특별 강연을 한다고 해!

프롤레타리아당이요? 그게 뭐예요?

아! 아직 몰랐구나.

사회주의를 꿈꾸다 **69**

프롤레타리아는 돈을 받고 일하는 노동자 계급을 뜻하는 말이야.

그럼 당 이름의 의미는!

네가 생각하는 것이 맞아. 폴란드의 힘없는 노동자들을 위한 당이라는 의미야. 그래서 오래전부터 돈 있는 사람들에게 탄압받았지.

당시 프롤레타리아당은 심하게 탄압받아서, 당원이라는 것이 밝혀지면 사형을 당하기도 했습니다. 하지만 그들은 가난한 노동자들을 위해 꾸준히 활동했고, 몇몇은 비밀 모임에 참석해 사회주의에 대한 강의를 하기도 했습니다.

우리 모두 가난이 무엇인지 알아야 합니다. 그래야 말뿐이 아닌, 가난한 자들을 위한 진정한 활동에 나설 수 있는 것입니다.

가난한 노동자들을 위해 자기 목숨을 걸다니! 존경스러워. 나도 저렇게 누군가를 위해 살고 싶어!

선배, 프롤레타리아당은 여전히 세상을 바꿀 희망을 품고 있나요?

물론이야. 지도자 대부분이 사형당했지만, 그래도 여전히 활동이 이어지고 있어.

그렇다면 선배! 저도 프롤레타리아당의 당원이 되고 싶어요!

너 그게 얼마나 위험한 일인지 아니? 당원들은 늘 경찰을 피해 도망 다녀야 해. 목숨을 보장할 수 없다고.

그리고 학교에서 눈치채면 공부하는 데 문제가 생길 수도 있어.

그런 건 각오하고 있어요!

전 유대인에다 장애를 가지고 있어요. 차별받는다는 게 어떤 건지 잘 알고 있다고요.

각오가 됐구나. 알았다. 당원에게 말해 보마.

사회주의를 꿈꾸다 **71**

졸업이 얼마 안 남았을 즈음,
로잘리아는 프롤레타리아당에 가입했습니다.

나도 이제 당원이야.
모두가 평등한 세상을
만들기 위해서 이 한 몸
바쳐 일할 거야!

무슨 좋은 일 있어?
혼자 싱글벙글하게.

맞아. 하지만
안 알려 줄래.

로잘리아 룩센부르크!
잠깐 나 좀 볼까?

교, 교장 선생님?

최근 네가
프롤레타리아당에
가입했다는 소문이 돌던데.
설마 사실은 아니겠지?

프롤레타리아당에 가입한
당원의 최후는 알고 있겠지?
어리석은 선택은 안 하리라
믿겠다.

로, 로잘리아……

학교에서 알고
있었다니…….
하지만 이제 돌이킬 수
없어. 나는 내가 꿈꾸는
세상을 위해 최선을
다할 거야!

졸업 사진을 나눠 주는 날.

조피아, 졸업 사진을 잠깐 줘 볼래?

넌 벌써 확고한 인생 목표를 가지고 있구나.

그렇게 거창한 건 아니야.

내가 생각하는 가장 아름다운 세상은 모든 사람을 사랑하면서 살 수 있는 세상이야. 난 그런 세상을 만들기 위해 나아갈 거야. 너도 너의 자리에서 최선을 다해 살아가렴.

이 글대로라면 분명 너는 이 혼란한 세상에서 쉽지 않은 삶을 살 거야. 난 널 도와줄 수는 없을 거고.

하지만 나처럼 널 응원하는 사람들이 있다는 것은 잊지 마. 네가 원하는 세상이 꼭 만들어졌으면 좋겠어.

고마워. 그런 세상을 만들기 위해 온 힘을 다할게.

졸업생 중 금메달을 받을 사람은……, 소피아 도츠나스카!

로잘리아의 이름이 안 불렸어!

도대체 어떻게 된 거지?

졸업식에서 로잘리아는 어떤 상도 받지 못했습니다. 학교 제일의 우등생이 단 하나의 상도 받지 못했던 것입니다.

프롤레타리아당에 가입했다는 것. 그것이 로잘리아가 모든 상에서 제외된 이유였습니다.

이런 일로 좌절하거나 실망해서는 안 돼. 난 금메달보다 더 소중한 것을 이미 가슴속에 새겨 넣었으니까!

모든 사람이 평등하게 지내는 세상을 내 손으로 만들겠다는 꿈을 지니게 됐으니까 말이야.

로잘리아는 학교를 졸업한 뒤, 프롤레타리아당 활동에 더욱 매진했습니다.

신분증!

유대인인가?

침착해야 해. 비밀 편지를 들켰다가는…….

뭐, 별것 없군. 가 봐!

휘익

큰일이야, 로잘리아.
네가 감시 대상 명단에
들어간 것 같다는
첩보가 들어 왔어.

그럼 전
어쩌죠?

외국으로 도망가는 수밖에 없어.
경찰에 잡힌 다른 동지들은 모두
험한 꼴을 당했거든.

여자라고, 장애가 있다고 해서
봐주는 놈들이 아니야.
며칠 안으로 출발할 수 있게
준비해 둬.

결국 이렇게 되고
말았군요.

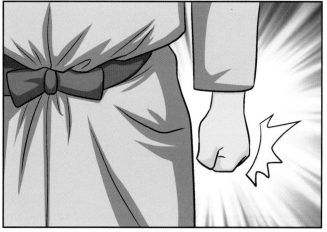

네가 떠나야 한다니……

엄마, 아빠. 죄송해요.

우선 여권부터 신청하자꾸나. 갈 곳은 정했니?

스위스의 취리히요. 그곳에 폴란드를 떠난 동지들이 많이 *망명해 있대요.

거기다 그곳은 여자도 대학교에 갈 수 있어요.

그래. 폴란드에서는 여자가 대학교에 갈 수 없으니, 그곳에서 더 많은 공부를 하렴.

*망명: 정치적인 이유로 자기 나라에서 박해를 받는 사람이 외국으로 몸을 옮기는 것

우린 네가 어디서 무엇을 하든, 널 응원한단다.

하지만 너무 위험한 일은 하지 말아다오. 언제나 네가 건강하길 빈다.

엄마! 아빠!

폴란드 기차역.

우리 걱정은 하지 말고, 부디 건강하게 잘 지내렴!

아빠.

안녕히 계세요!

우리 딸 로잘리아! 사랑한다.

로잘리아는 열여덟 살이라는 어린 나이에 자신의 미래를 스스로 바꾸기 위해, 그리고 더 나은 세상을 만드는 데 조금이라도 도움이 되기 위해 폴란드를 떠났습니다.

로자 룩셈부르크의 활동 장소

로자 룩셈부르크는 조국인 폴란드보다 외국에서 더 많은
세월을 보내며 활동했어요. 로자 룩셈부르크가 활동했던
나라는 어디이며, 왜 그 나라로 가야만 했는지 알아볼까요?

비스마르크는 독일의 통일을 주도한
프로이센의 정치인입니다.

하나   독일

로자 룩셈부르크가 가장 많은 활동을 한 곳은 독일입니다.
독일은 여러 개의 독립된 나라로 나뉘어 있다가, 1871년에
연방 국가가 만들어지면서 통일되었지요.
이때 큰 공을 세운 이가 프로이센의 비스마르크라는
정치인이었는데, 그는 통일 이후 수상으로서 독일을
다스렸습니다. 비스마르크는 1878년 의회에서 '사회주의자
진압법'을 제정하기도 했습니다. 이 시기 탄압받던 독일의
많은 지식인과 노동자들은 외국으로 망명했고, 사회주의
정당들은 제대로 활동하지 못하고 움츠러들었습니다. 그러다

who? 지식사전

카를 마르크스

독일이 낳은 세계적인 사상가, 카를 마르크스

베를린 대학교에서 법학을 전공한 마르크스는 법을 만드는 학자가 되어 모든 사람이 평등한
대우를 받는 행복한 세상을 만들고 싶었어요. 하지만 잘못된 제도를 비판하는 글을 쓰자
정부는 그를 억압했지요. 마르크스는 정부의 감시를 피해 벨기에와 프랑스, 영국 등으로 쫓겨
다니면서도 자신의 주장을 더욱 정리해 나갔습니다. 그는 자본주의 사회에서 고통스럽게
살아가는 노동자들을 위해 자본주의를 연구하는 데 평생을 바쳤어요. 그 결과가 바로
《공산당 선언》과 《자본론》이지요. 마르크스는 이 책에서 자본주의의 모순을 비판하고 대안을
제시했습니다. 마르크스는 세상을 떠났지만, 그의 사상은 지금까지도 큰 의미를 가집니다.
로자 역시 그의 영향을 받아 혁명을 꿈꾸었습니다.

1890년, 사회주의자 진압법이 공식적으로 폐지되면서 독일은 사회주의자들을 다독이는 정책을 펼치기 시작했어요. 이러한 변화에 힘입어 독일은 유럽의 다른 나라에 비해 사회주의자들이 활동하기 편한 나라가 되었고, 사회주의 운동도 활발하게 전개되었습니다.

이후 독일의 노동자들이 만든 독일 노동자 동맹과 사회주의자들이 만든 독일 사회 민주 노동당이 합쳐져 사회주의 노동당이 만들어졌습니다. 1890년에 이 정당은 독일 사회 민주당으로 발전했습니다. 독일 사회 민주당은 줄여서 '사민당'이라 부르기도 하는데, 로자 룩셈부르크는 이 당에서 활동했지요.

독일은 이 시기 유럽의 다른 나라와 달리 사회주의 정당이 정치적으로 인정받는 지역이었습니다. 그래서 각국의 많은 사회주의자가 독일을 방문해 자신의 생각을 발표하거나 지지를 호소했어요. 로자 역시 독일에서의 활동으로 많은 사회주의자와 친분을 쌓았을 뿐만 아니라 국제적인 명성까지 얻었답니다.

1890년대에 쓰인 독일 의회 건물

독일이 공화국이 되었음을 선포하는 의원

독일 사회 민주당

독일 사회 민주당은 독일에서 가장 오래되고 규모가 큰 정당이에요. 이 당은 19세기 말, 독일 노동자 동맹과 독일 사회 민주 노동당이 합쳐지면서 만들어졌어요. 그 뒤 1890년에 독일 사회 민주당으로 이름을 바꿨지요. 당시 독일 사회 민주당은 마르크스의 이론을 따르는 사회주의 성격이 강한 정당이었어요. 그래서 농민과 노동자가 힘을 합쳐 지배 계층을 무너뜨려야 한다고 주장했지요.

독일 사회 민주당은 제1차 세계 대전 이후, 의석을 가장 많이 차지한 정당이 되면서 권력을 잡게 되었어요. 그러나 외교와 경제 정책의 실패로 나치에 정권을 넘겨 주고 해체 직전까지 몰리게 되지요. 제2차 세계 대전 이후, 다시 부활한 독일 사회 민주당은 1960년대에 당이 나아갈 방향을 바꾸어 노동자만의 당이 아닌 독일 국민을 위한 당으로 활동을 이어갑니다.

독일 사회 민주당의 로고

핀란드 지도

핀란드는 아름다운 자연환경으로 유명합니다.
© M. Passinen

둘　핀란드

핀란드는 북유럽 스칸디나비아 반도에 있는 나라 중 하나로
스웨덴, 노르웨이, 러시아와 접해 있습니다.
핀란드는 13세기부터 17세기까지 스웨덴의 지배를 받았어요.
그러다 러시아가 1809년에 프랑스의 나폴레옹이 일으킨 정복
전쟁으로 유럽 전체가 정신이 없는 틈을 타 핀란드를 차지해
버렸습니다. 핀란드 사람들은 러시아의 엄격한 지배 정책에
대항해 한마음으로 독립 운동을 펼쳤습니다. 그리고 1917년,
러시아가 혁명으로 시끄러워진 틈을 타 핀란드는 독립을
선언했으며, 1920년에 핀란드 공화국이 세워졌습니다.
로자 룩셈부르크가 러시아의 지배 아래에 있던 폴란드의
수용소에서 벗어나 핀란드로 망명한 것도 이 무렵의
일이에요. 러시아를 반대하는 세력이 많았던 핀란드였기에
로자의 망명은 생각보다 쉽게 이루어질 수 있었지요.

셋　스위스

스위스는 유럽 중앙에 있는 나라예요. 알프스 산맥이 나라를
가로지르기 때문에 자원이 부족하고 농사짓기에도 척박한
곳이지요.

who? 지식사전

러시아의 화가 일리야 레핀

쿠오칼라와 레핀

감옥에서 탈출한 로자 룩셈부르크가 요양했던 쿠오칼라는 러시아와 매우 가까운 곳에 있는
핀란드의 휴양지입니다. 이곳은 1948년까지 핀란드식 이름인 쿠오칼라로 불렸어요. 하지만
러시아의 유명 화가 일리야 레핀이 머무른 이후에는 그의 예술적 업적을 기려 '레피노'로
지명이 바뀌었지요.
레핀은 쿠오칼라에 머물며 직접 집을 지었어요. 이 집은 레핀 박물관으로 사용되고 있으며,
독창적인 아름다움과 역사적인 가치를 인정받아 유네스코 세계 유산으로 지정되었습니다.

자연을 이용하기 어려웠던 스위스 사람들은
인재를 길러내는 것이 나라의 힘을 키우는
일이라고 생각했습니다. 스위스가 세계적으로
인정받는 교육 철학자 루소와 페스탈로치 등을
배출할 수 있었던 것도 이런 노력의 결과지요.
스위스는 1848년 이전에 초등 교육을 시행했고,
1874년에는 의무 교육 제도를 시작했답니다.
1459년에 세워진 바젤 대학교는 유럽에서도 중요한
문화 중심지 역할을 했습니다. 거기다 여자는
대학 공부를 할 수 없었던 대부분의 나라와는 달리
스위스의 취리히 대학은 유럽에서 두 번째로 여성의 대학
입학을 허가했습니다.

스위스를 가로지르는 알프스 산맥은 빼어난 경관을 자랑하지만
사람이 살기에는 척박한 환경입니다.
ⓒ Kabelleger / David Guble

스위스는 1815년에 오스트리아 빈에서 열린 국제 회의를 통해
중립국 신분을 인정받았어요. 중립국은 국가 사이에 전쟁이나
분쟁이 일어났을 때, 누구의 편도 들지 않는 나라를 말해요.
중립국인 된 스위스는 유럽 각지에서 정치적으로 망명하게 된
사람들의 피난처가 되었어요. 로자 룩셈부르크가 스위스를
첫 망명지로 선택한 것에는 이런 스위스의 자유로운 학풍과
망명자들에 대한 대우가 큰 몫을 했습니다.

스위스 출신의 교육 철학자, 장 자크 루소

용맹한 스위스 용병

사람 외에는 특별히 수출할 자원이 없던 스위스는 오래전부터 유럽 각지에 용병(고용한 병사)을
파견해 돈을 벌었어요. 스위스 용병은 용맹할 뿐만 아니라 철저하게 신용을 지켜서 유럽 여러
나라에서 선호하는 최고의 용병이었답니다. 프랑스 혁명 당시, 스위스 용병들이 마지막 한
사람까지 왕궁을 지키다가 쓰러진 이야기는 유명하지요. 이런 신용과 전통 덕분에 오늘날까지도
교황이 사는 바티칸 왕국의 근위대는 스위스인을 우선으로 뽑는다고 해요.

스위스 용병은 중세부터
많은 신뢰를 받아왔습니다.

4 새로운 생활,
새로운 만남

1889년 2월, 로잘리아는 스위스 취리히에 도착했습니다.

경찰?
설마 날 잡으러
온 건가?

잠깐만요!

휙

작은 몸으로 이 큰 가방을 들고
가려니 힘들지요?
계단 아래까지 들어 드릴게요.

맞아! 여기는
자유의 땅 스위스지.
이곳에 날 잡아가려는
비밀경찰은 없어!

그럼 부탁할게요.

외국에서 오셨나 보군요.
취리히에 오신 걸
환영합니다, 아가씨.

그런데 어디까지
가시는지요?

취리히 대학교요.

취리히 대학교는 스위스의
자랑이지요. 여성에게도
문이 활짝 열려
있답니다.

탁

그럼 스위스에서 좋은
추억 만드시길.

고마워요!

취리히 대학교.

국적이 폴란드군요.
그럼 외국인 등록을 하셔야
하는데요.

외국인 등록이요?
그건 어디에서 해야 하죠?

외국인 담당 관청을
찾아가 보세요.

알겠어요.

내 이름을 폴란드 식으로
쓰면 알아듣기도 힘들고
발음도 불편할 거야.
그래, 이 기회에 아예
이름을 발음하기 쉽게
바꾸자.

외국인 등록증

로자 룩셈부르크

이제 내 이름은……,
로자 룩셈부르크!

로잘리아는 외국인 등록을 하면서 이름을 '로자 룩셈부르크'로 바꿨습니다. 세상에 널리 알려진 여성 혁명가 로자 룩셈부르크가 이렇게 탄생했습니다.

네, 그게 제 이름입니다.

로자 룩셈부르크가 맞나요?

이름을 바꿈으로써 난 스위스에서 새로 태어난 거야. 로자 룩셈부르크로.

학교까지 등록했으니 이제 집을 알아봐야겠다.

비밀 모임 선배가 추천해 준 하숙집이 이 근처일 텐데, 그러니까 77번지 넬켄 거리…….

찾았다!

넬켄 거리

알포트 거리

마르세유 거리

아이들이 여덟 명이나 돼서
정신없겠지만,
그러려니 하고 이해해요.

그런데······.

정말 처음 말씀하신
비용으로 머물러도
될까요?

응? 아까부터
안절부절못하더니
그게 걱정이었어?

너무 걱정하지 않아도 돼.
우린 고국을 떠나 생활하는
사람들을 도와주려고
하숙을 받는 거니까.

집값이 싼 게 정 부담된다면
시간 날 때 우릴 도와줘요.

집안일 돕기, 애들 숙제
봐 주기, 남편 원고
교정 보기 등등.

원고 교정이요?

당시 로자에게 뤼베크 부부의 친절은
큰 도움이 되었습니다.

저 글 읽고 쓰는 거
엄청 좋아해요.

잘됐네!
하숙인으로 딱
맞구먼.

로자가 주로 한 일은 칼이 신문에 실을 기사를 부르면 받아 적는 일이었습니다. 때로는 기사를 새로 수정하기도 했습니다.

마르크 씨는 알프스를 밝게 물들이는 해돋이 마냥 잔뜩 부푼 기대를 안고 엔리케 회계 사무실에 첫발을 내디뎠다.

하지만 기대와 달리 월급은 소금보다 더 짜서 가족은커녕 자기 혼자 먹고살기에도 벅찰 지경이었다. 결국, 마르크 씨는 참지 못하고 신고를……

어흠흠.

제가 쓴 기사에 무슨 문제가 있나요?

자네의 글솜씨는 정말 탁월해! 소설이라면 당장 실을 수 있을 정도야.

자네의 문장은 표현력이 좋고 아름답거든. 하지만 이걸 기사로 실을 수는 없어.

어째서죠?

기사라는 건 읽었을 때
이해하기 쉬워야 하지.
누가, 어디서, 언제, 무엇을,
어떻게, 왜 했는지가 꼭 밝혀져야 해.
글에 군더더기도 없어야 하지.

그럼 이렇게 쓰면 어떨까요? 마르크 씨는 13일 오전,
엔리케 회계 사무실에 취직했다. 하지만 계약과 다른
임금에 크게 분노했고, 사무실을 노동청에 신고했다.

옳지! 이제 좀
신문 기사다워졌어.

그리고 중요한 것은
사실이어야 할 것!
아무리 좋은 내용이더라도
거짓을 기사로 쓰면
안 돼.

목적이 좋아도
거짓 기사를 쓰면
안 된다는 거군요.

로자, 너의 말과 글엔
설득력이 있어. 네 재능을
갈고닦으면 더 많은
사람에게 네 생각을
알릴 수 있을 거야.

고마워요. 덕분에
자신감이 생겼어요.

칼은 로자에게 기사를
쓰는 법, 자기 생각을 남에게
효과적으로 전달하는 방법을
알려 주었습니다.

취리히 대학교.

부자들은 한 끼 식사비로 노동자의 일주일 치 임금과 맞먹는 돈을 씁니다. 부자들은 사치를 줄이고 노동자의 임금을 올려야 합니다!

옳소!

누구의 눈치도 볼 필요 없이 다양한 토론을 할 수 있는 이런 자유로운 분위기가 난 정말 좋아!

로자는 대학교에서 철학과 동물학 분야의 강의를 신청했습니다.

동물 중에는 사자처럼 무리 짓는 경우도 많다. 벌이나 새처럼 집을 짓는 것들도 있다.

벌이나 개미에는 계급이 있어. 인간 사회랑 비슷하잖아! 여기에 평등한 사회에 대한 단서가 있을지도 몰라!

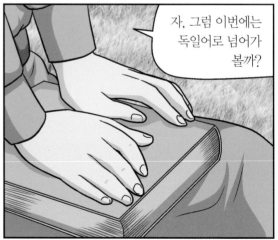

자, 그럼 이번에는 독일어로 넘어가 볼까?

로자, 또 독일어 공부해?

응, 일상 대화는 잘하지만 학자들과 토론할 정도는 못 되거든.

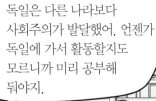

독일은 다른 나라보다 사회주의가 발달했어. 언젠가 독일에 가서 활동할지도 모르니까 미리 공부해 둬야지.

사회주의에 대한 네 열정은 정말 대단하구나.

하지만 대학교에서 무엇을 공부하고 배우든, 로자의 가장 큰 관심은 사회주의였습니다.

맞은편 집에 누가 이사 오나?

예의 없는 사람이네. 무뚝뚝하다 못해 찬바람이 쌩쌩 도는군.

아, 안녕하세요.

로자,
무슨 일 있나?
표정이 안 좋네.

앞집에 누가 새로 이사
온 것 같은 데 굉장히
무뚝뚝하더라고요.

아, 리투아니아에서
왔다는 청년?
잘생겼지?

잘생긴 건 맞지만,
사회성은 영 없는 사람
같아 보여요.

여러 의미로
인상 깊은 사람이긴
하더라고.

며칠 뒤.

결국 옆집으로
이사를 왔네.

아, 로자. 요즘도 사회주의에 대해 공부하고 있나?

독일에서 사회주의 운동을 했던 사람으로서 이야기하는 건데, 독일을 공부해.

그곳은 사회주의 운동의 중요한 거점이거든. 기회가 된다면 독일의 사회주의자들과 교류하는 것도 좋은 경험일 거야.

1878년 독일 정부가 사회주의자 진압법을 만들며 노동 운동을 전개하는 수많은 사회주의자를 탄압했습니다.

스위스는 사회주의에 대한 탄압이 덜하다고 합니다.

그럼, 그곳으로 향해야겠군요.

독일 사회주의자들은 탄압을 피해 스위스로 망명했고, 그곳에서 모임을 만들었습니다. 로자도 이곳에서 많은 활동을 했습니다.

어?

아!

이웃의 로자 룩셈부르크 양이시죠? 이런 곳에서 만나 뵙는군요.

고상한 레온 씨가 사회주의자들의 모임에 관심을 두고 있는 줄 몰랐어요.

모르셨나요? 저도 고향에서 사회주의 운동을 하다가 도망 나왔어요.

겉모습은 오만해 보였는데, 의외인걸?

다시 인사하죠. 대부분의 사람들은 절 레온 그로소프스키로 알지만,

진짜 본명은 레오 요기헤스입니다.
리투아니아에서 태어나고 자란
유대인이지요.

유대인?
저도 폴란드 출신
유대인이에요!

그래요? 난 이름만
듣고 독일인인 줄
알았는데.

몇 시간 뒤.

첫인상은 평범하지만, 이야기를 시작하면
사람들의 시선을 끄는 면이 있어. 게다가
다양한 언어를 자유자재로 구사하다니…….
정말 대단해.

마르크스의 사상은
실현이 불가능해.

하지만 마르크스는
사회주의 운동에
방향을 제시했어요.
전 그를 정말
존경해요.

존경한다고요?
정말로?

마르크스의 주장은 그저
이상론일 뿐이에요.
그는 실제로 우리처럼
격렬하게 투쟁해 본 적이
없어요.

그러나 그의 이론은 진실해요.

하지만 그의 이론을 실현시킬 방법은? 가능성은?

사회주의자들의 모임에서 레오와 로자는 치열하게 토론했습니다.

내 생각은 이래요. 자! 당신 답변은?

항복! 반박할 수 없네요. 감탄했습니다. 자, 우리 논쟁은 이쯤 할까요?

풋

좋은 토론이었어요.

영광입니다.

당신은 타고난 연설가예요. 마치 머릿속에서 미리 정리한 듯 논리적으로 말하지요. 당신이 설명하면 그림을 그린 듯 눈앞에 장면이 생생하게 떠오른답니다.

열정적이고 논리적인 당신의 말에 사람들은 관심을 기울여요.

그렇게 대단한 게 아니에요.

아니요! 당신은 자신을 모르고 있어요. 당신에게는 보통 사람에게 없는 어떤 '힘'이 있어요.

당신과 함께 혁명에 뛰어든다면 정말 든든하겠군요.

네?

'힘'이 있다고? 그럴지도 몰라. 난 어릴 때부터 세상의 벽과 싸워 왔고, 그것을 모두 극복했어.

다음에 꼭 다시 뵙죠.

왠지 앞으로 자주 볼 것 같은 예감이 들어.

로자의 예감대로 둘은 사회주의 단체에서 자주 만나게 되었고, 시간이 흐르며 우정 이상의 친분을 쌓게 되었습니다.

넌 그렇게 많은 모임에 참가하고서도 성적은 항상 최고구나.

시간을 쪼개서 공부하고 있거든.

그래도 넌 언어 능력은 타고났나 봐. 여섯 나라의 말을 자유롭게 사용할 수 있잖아.

응? 그건 뭐야?

어머니께서 찻잎을
보내 주셨어.

잘됐다.
찻값을 아낄 수
있겠어.

찻값을 아끼면
그 돈으로 책을 한 권
더 살 수 있어. 레오에게도
도움이 될 거야.

레오의 집.

똑똑

로자, 무슨
일이지요?

이걸 나눠
드리려고요.

찻잎?
왜 이걸 내게?

한 푼이라도 씀씀이를
아껴야 하잖아요.
마침 제가 가진 게
있어서 나눠 주려고요.

마음은 고맙지만, 나한텐 필요 없어요.
그리고 다음에도 이러실 필요 없고요.

미안해요.
다시는 이런 일로
찾아오지 않겠어요.

로자, 오해하지 마요!
다음엔 내가 더 좋은
찻잎을 당신에게 나눠 준다는
뜻이었어요!

네?

난 사실 돈이 많아요.
우리 집은 엄청난
부자거든요.

레오는 부잣집에서 태어났지만, 사회주의 운동을 하면서
공장의 *파업을 주도했습니다. 그 때문에 체포되었고,
감옥으로 이동하는 도중에 탈출해서 스위스로 온 것입니다.

당신은 한 번도 부자인
티를 안 냈잖아요.

내 재산은 우리
조상들이 노동자들을
착취해서 불린
것이니까요!

*파업: 노동 조건의 개선 등을 위해 노동자들이 집단으로 한꺼번에 작업을 중지하는 일

로자 룩셈부르크의 친구들

독립심이 강하고 저돌적인 여성이었던 로자 룩셈부르크에게도 힘든 시기는 있었습니다. 그럴 때마다 로자의 주변에는 그녀에게 도움의 손길을 내민 사람들이 있었지요. 그들이 있었기에 로자도 힘든 길을 잘 걸어갈 수 있었습니다. 그렇다면 로자가 어려움에 처했을 때마다 함께한 친구들이 누구인지 알아볼까요?

로자의 연인이자 동지였던 레오 요기헤스
(1867~1919년)

하나 레오 요기헤스

로자 룩셈부르크는 저돌적인 혁명가이지만, 때로는 보통 사람들처럼 평범한 사랑을 꿈꾸기도 했습니다. 물론 어려운 상황에서 자신의 신념을 따르기 위해서는 평범하고 안정된 삶을 살 수 없었습니다. 하지만 로자는 혁명 동지였던 레오 요기헤스와 함께 가난한 노동자들의 행복을 위해 싸우며 사랑을 키워 나갔습니다. 레오 요기헤스는 리투아니아 출신의 사회주의자로, 부유한 집안에서 태어났지만 평등한 세상을 만들기 위해 시위를 주도하다 감시를 피해 스위스로 도망친 혁명가였어요. 레오는 로자의 곁에 머물며 연인이자 스승, 동지로서 많은 시간을 함께했습니다.

기존의 체제에 반대되는 혁명을 꿈꾸었기 때문에 두 사람은 도망하고 체포되길 반복해야 했습니다. 늘 불안한 상황이었지만, 로자가 레오에게 보낸 편지를 살펴보면 그녀도 평범한 삶에 대한 소박한 꿈을 가지고 있었다는 것을 알 수 있습니다.

1918년의 레오 요기헤스

레오, 당신의 편지는 날 아주 기쁘게 했어요.

왜냐하면 우리 둘 다 아직 젊고 언젠가는 개인적인 생활도

즐길 수 있을지 모른다고 했으니까요.

아, 내 사랑 레오! 이 약속이 이루어진다면!

작은 우리 집에는 소박한 가구들이 있고 우리들의 서재도

있겠지요? 우린 함께 산책도 하고 오페라도 보러 갈 거예요.

가끔은 정말 친한 친구들을 저녁 식사에 초대할 수도 있고요.

매년 여름이 되면 한 달쯤 휴가를 내서 시골에서 놀고 싶어요.

우리의 임무 따윈 모두 잊고 말이지요!

거기에다가 자그마한, 아주 자그마한 우리 아기까지 있다면

얼마나 행복할까요?

우리에게 이런 일은 결코 허용되지 않는 걸까요?

아, 레오! 나는 절대로 아기를 가지면 안 되는 걸까요?

— 당신의 로자 룩셈부르크

독일 사회 민주당 당원 모임에 함께 참여한 로자와 레오

who? 지식사전

레오 요기헤스의 고향, 리투아니아

레오 요기헤스가 태어난 리투아니아는 동유럽 발트해에 있는 나라예요. 중세에는 이 지역의 강국이었지만, 점점 쇠퇴해 19세기 무렵에는 러시아의 지배를 받게 되었지요. 1918년 러시아가 혁명으로 혼란스럽자, 리투아니아는 민주주의 국가로 독립했어요. 그러나 제2차 세계 대전 때, 소련의 일부로 들어가면서 공산주의 연방 국가가 되었습니다. 1991년, 소련이 해체된 뒤 다시 독립한 리투아니아는 유럽 연합과 같은 여러 국제기구에 가입하며 발트해의 중요 국가로 발돋움하고 있어요.

유럽에서 리투아니아의 위치(초록색으로 표시된 부분) ⓒ NuclearVacuum

둘 카를 카우츠키

체코 프라하에서 태어나 독일에서 활동한 카를 카우츠키는
유명한 사회주의 사상가이자 마르크스주의의 대표적인
이론가입니다. 사회주의를 이끈 철학자 마르크스나
엥겔스와도 개인적인 친분을 나누었다고 알려져 있지요.
카를은 1890년 무렵부터 독일 사회 민주당을 대표하는
이론가로 이름을 떨쳤습니다.

로자가 베를린에 머무를 무렵, 카를은 로자의 집 근처에
살았습니다. 사회주의 사상이라는 공통의 관심사가 있던
두 사람은 거의 매일 서로를 방문하며 우정을 쌓았지요.
카를의 가족, 동생, 할머니까지 로자를 친가족처럼 대했을
정도였습니다. 특히, 카를의 부인인 루이제는 로자의
인생에서 가장 친한 친구였다고 합니다.

카를 카우츠키는 로자가 독일 사회 민주당의 정책에 반발해
당을 떠났을 때에도 함께했을 정도로 서로를 신뢰했던
동지였습니다. 카를은 나치가 독일의 정권을 잡자 네덜란드
암스테르담으로 망명했다가 그곳에서 사망했어요.

카를 카우츠키(1854~1938년)는 독일에
서 활동한 사회주의 사상가입니다.

who? 지식사전

체코의 수도 프라하

카를 카우츠키의 고향, 체코

체코는 유럽 중부에 있는 나라로, 정식 명칭은 체코 공화국이에요. 북쪽으로는
폴란드, 서쪽으로는 독일, 남쪽으로는 오스트리아와 접해 있지요. 독일의 지배를
받았지만 제2차 세계 대전이 끝난 뒤에 독립했어요.
로자 룩셈부르크가 활동하던 1900년대 초반, 체코는 공산주의 국가였어요.
당시에는 동쪽에 있는 슬로바키아와 하나의 국가였으며, 체코슬로바키아로
불렸지요. 체코슬로바키아는 동유럽에 있는 공산주의 국가 중 생활 수준이 가장
높은 공업 국가였습니다. 또 음악과 문학 등 문화 예술에서도 다른 나라보다 앞서
있었답니다.

셋 **클라라 체트킨**

클라라 체트킨은 로자와 평생 동안 우정을 나눈 독일의
여성 해방 운동가예요. 로자보다 훨씬 앞서 독일 사회
민주당에서 활동했던 체트킨은 로자가 처음 당에 들어갔을
때에 잘 정착할 수 있도록 많은 도움을 주었습니다.
체트킨은 독일 사회 민주당의 여성지인 〈평등〉을 펴내며
여성의 인권을 회복하는 데에 힘썼어요. 또 1911년
최초로 국제 여성의 날을 만들었지요. 지금도 매년 3월
초 국제 여성의 날이 되면 많은 나라에서 여성의 업적을
기리고 있습니다. 체트킨은 로자가 독일 사회
민주당에서 탈퇴해 스파르타쿠스단을 결성했을 때
힘을 보태기도 했답니다.
1932년, 임시 국회의장으로서 개회 연설을 하게 된
체트킨은 용감하게도 독일의 나치 당원들 앞에서
나치에 반대하는 단체를 만들 것을 호소했습니다.
이후, 체트킨은 나치의 행동과 그들이 추진하는 정책의
위험을 알리려고 준비하던 중 세상을 떠났습니다.

독일 드레스덴에 있는 클라라 체트킨의 흉상
© Daniel Weigelt

클라라 체트킨과 로자 룩셈부르크

혁명이란 무엇일까?

혁명이란 기존에 있던 체제를 비합법적인 수단을 통해 강제로 변화시키는 것을
가리키는 말이에요. 대부분의 혁명은 차별과 억압으로 고통스러워하는 사람들이
일으키는 경우가 많지요. 이들은 무력 투쟁을 통해 기존의 권력을 무너뜨립니다.
역사적으로 중요한 혁명으로는 프랑스 시민들이 왕조에 대항하여 일으킨 프랑스
혁명, 왕 대신 시민이 선출한 대표가 정치에 참여할 수 있도록 정치 제도를
바꾸고자 한 영국의 청교도 혁명, 러시아의 사회 체제를 공산주의로 바꾸기 위해
일어난 러시아 혁명 등이 있어요. 우리나라에서는 1960년 4월, 학생들이 중심이
되어 민주주의를 부르짖은 4·19 혁명이 일어났답니다.

외젠 들라크루아가 프랑스의 7월 혁명을
주제로 그린 〈민중을 이끄는 자유의 여신〉

5 이름을 떨치다

로자, 우리는 행동 없이 말만 하는 다른 단체와 달라.

진정한 노동자의 나라를 실현하는 게 우리 목표야.

저도 동감해요. 평소 꼭 이 단체를 방문하고 싶었어요.

어서 오세요, 로자!

안녕하세요.

신문에 나오는 당신의 기고문을 읽고 감동했어요.

로자는 박사가 되고 싶다면서요? 특별한 이유가 있나요?

박사가 되면 대학생들을 가르칠 수 있잖아요.

그래서요?

그럼 훨씬 더 많은 사람에게 진정한 사회주의의 의미를 알려줄 수 있지요.

오늘은 셰익스피어의 희곡 《베니스의 상인》에 나오는 판결에 대해 알아보도록 하자.

볼프 교수님! 그 주제는 강의하기에 적당하지 않다고 여겨집니다.

왠가?

베니스의 상인에선 유대인이 절대적인 악으로 묘사되고 있어요.

인종 차별적인 내용은 공정한 법의 영역에서 벗어난다고 여겨집니다.

오오!

그러니까 현재의 관점에서 잘못된 점을 찾자는…….

그 전에 먼저 편견에 사로잡힌 당시의 법정 상황을 인정해야, 제대로 된 평가가 가능하다고 생각합니다.

자네 주장도 일리는 있지만, 오늘 거기까지 이야기하기에는 시간이 없군.

그런 의미로 자네의 주장을 보고서로 제출하도록 하게.

모처럼 교수님의 반격이야!

앗!

그 정도면 수업 시간도 뺏기지 않고 나도 차분하게 답할 수 있으니 공정한 제안 같네만.

으, 알겠습니다.

며칠 뒤.

볼프 교수님!

볼프 교수님, 여기 저번 강의에서 숙제로 내 주신 보고서를 드리려고요!

오, 정말 해 왔어?

보기보다 성실하군.

제가 한 말에 대한 책임은 지니까요.

그럼, 시간도 남는데 우리 잠시 같이 걸을까?

솔직히 말해서 난 자네에게 서운할 때가 많아!

네?

수업 중에 곤란한 질문을 하질 않나, 말을 끊질 않나.

그러면서 또 나중엔 아무렇지 않은 표정으로 인사를 하지.

하지만 말일세!

자넨 내가 가르친 사람 중 가장 재능 있는 학생이야! 그리고 언젠가 자네를 가르쳤다는 사실을 매우 자랑스러워할 걸세!

볼프 교수님!

교수님이 날 그렇게까지 생각해 주시다니, 정말 감사한 일이야.

로자, 소식 들었어요? 프랑스에서 폴란드 사회주의당이 만들어졌어요!

뭐라고요?

1892년, 프랑스에서 폴란드 망명객들의 주도로 '폴란드 사회주의당'이 만들어졌습니다. 또 1년 뒤인 1893년에는 폴란드 국내에서 프롤레타리아당의 정신을 잇는 '폴란드 노동자 동맹'도 생겨났습니다.

폴란드의 사회주의 운동에 드디어 불이 붙은 거예요!

맞아요! 이대로 가만히 있을 수는 없어요. 우리도 취리히를 거점으로 하는 정당을 만듭시다.

당원 모집을 위한 벽보를 붙였으니, 잡지도 만드는 게 어떨까요?

좋아요. 잡지는 사람들에게 우리 뜻을 알릴 수 있는 좋은 무기예요!

그럼, 잡지에 글을 쓸 기자가 필요한데. 누구한테 부탁하지요?

퐁긋

응?

로자! 당신이 잡지의 기사를 쓰겠다고요?

네.

학업에 지장 없겠어요?

지금은 그런 걸 따질 때가 아니에요. 우리의 주장을 널리 알리는 게 더 중요해요.

1893년 7월, 드디어 둘이 만든 잡지의 첫 호가 나왔습니다. 이 잡지의 첫 사설은 로자가 '크루친스카'라는 가명으로 썼습니다.

편지를 쓰며 단련된 글쓰기 실력이 이렇게 큰 도움이 될 줄이야. 기사의 기본을 가르쳐 준 뤼베크 씨에게도 감사해야지.

스프라바 로보니차 No.1

한 통도 빠짐없이 잘 배달해 주세요.

로자는 친분 있는 사람들에게 편지를 보내 자신들의 뜻에 동참해 줄 것을 호소하기도 했습니다. 이렇게 활발한 활동 끝에 레오와 로자는 이듬해 '폴란드 왕국 사회 민주당'을 창당하는 데 성공했습니다.

폴란드 사회주의자들의 모임.

폴란드 왕국 사회 민주당은 러시아의 차르가 물러날 때까지 싸울 것입니다!

차르가 물러나도록 러시아 노동자들과 힘을 합쳐야 합니다!

폴란드와 러시아 노동자들이 힘을 합쳐 러시아의 차르를 물러나게 해야 한다. 그래야 모든 노동자가 해방되고, 평등한 세상에 한 발 더 다가갈 수 있다.

폴란드와 러시아의 노동자들이 힘을 합쳐야 한다고?

콰악

그게 말이 돼? 우릴 지배하고 괴롭힌 러시아 사람과 손을 잡으라고?

폴란드의 독립이 우선이어야 한다고!

폴란드 왕국 사회 민주당은 폴란드를 위한 당이야!

당시 폴란드의 사회주의자들은 가장 먼저 러시아로부터 독립을 해야 한다고 생각했습니다. 그래서 러시아 노동자와 힘을 합치자는 로자와 레오의 주장은 받아들여지지 않았습니다.

너무해! 같은 민족끼리만 뭉치자는 주장은 또 다른 차별이라고!

맞아. 같은 노동자이면서 국적에 따라 차별한다는 것은 진정한 사회주의자가 할 말이 아니지!

사회주의가 이루어지면 폴란드 독립은 자연히 성공해. 같은 민족끼리만 뭉치면 사회주의는 이루어지지 않을 거야!

이대로 가만히 있어야만 할까요?

내년에 이곳에서 수많은 유럽의 사회주의자가 모이는 회의가 있어요.

좋아요. 당신이 우리의 대표로 그곳에 참석해요!

그 자리에서 우리의 주장을 확실히 알려야 해요!

1893년 8월, 전 유럽 사회주의자들의 모임.

여자면서 장애인인데 당 대표로 연설하나 봐.

폴란드 왕국 사회 민주당에 사람이 저렇게 없나?

꾸욱

두고 봐. 연설로 모두를 설득할 거야.

절뚝

절뚝

웅성 웅성

여러분, 진정한 사회주의자는 어떤 사람일까요? 저는 진정한 사회주의자는 그 사람이 어떤 민족인지, 여성인지 남성인지, 장애가 있는지 없는지로 차별하지 않는 사람이라고 생각합니다.

왜냐하면 진정한 사회주의자는 모든 사람이 평등한 세상을 꿈꾸기 때문입니다.

그런 점에서 저는 폴란드의 독립을 우선시하는 것은 잘못이라고 생각합니다. 진정한 사회주의자라면 민족의 독립을 먼저 생각하는 것이 아니라, 전 세계 노동자들을 먼저 생각해야 하기 때문입니다.

우리 민족만이 행복한 세상보다, 모든 민족이 행복한 세상! 이것이야말로 진정한 사회주의자가 나아가야 할 길이라고 생각합니다!

이름 없는 젊은 사회주의자였던 로자는 이 총회를 통해 폴란드 왕국 사회 민주당을 대표하는 인물이자 전 유럽을 대표하는 여성 사회주의자로 우뚝 서게 됐습니다.

유명해졌다고 해서 로자의 일상이 크게 변한 것은 아니었습니다. 로자는 계속 당의 일을 도왔고 박사가 되기 위한 공부도 열심히 했습니다.

축하하네!

같은 여자로서 당신이 박사 학위를 땄다는 사실에 자부심을 느껴요.

모두 고마워요!

드디어 원하는 대로 학생들을 가르칠 수 있게 됐군요.

교수가 된다면 말이지요. 하지만 지금은 다른 걸 하고 싶어요.

다른 것요?

레오, 몇 년 전 독일에서 사회주의자 진압법이 폐지된 건 알고 있죠?

알고 있어요. 그래서 지금 독일은 유럽 사회주의 운동의 중심지가 되었죠.

그래서 전 독일로 가고 싶어요.

독일로 가서 우리 폴란드의 사회주의 운동을 돕겠어요!

아는 사람도 하나 없는 독일에 혼자 가겠다고요?

네. 가고 싶어요. 아니, 가야만 해요! 내 능력을 못 믿나요?

믿어요. 당신은 우리 당을 대표하는 투사니까.

당신을 보내고 싶지 않지만, 당신의 길을 막진 않을 게요.

고마워요!

1898년 5월 16일, 독일 베를린.

철저하게 독일인으로 살아야 해. 외국인이 정치를 한다는 걸 들키면 독일 정부가 바로 추방할 테니까.

툭

로자 룩셈부르크 씨죠? 당신의 명성은 오래전부터 듣고 있었습니다. 정말 반갑습니다.

아, 저도 반갑습니다!

저희는 독일 사회 민주당의 당원입니다. 당신을 만나러 온 것은 우리 당의 당원이 되어 주십사 부탁하기 위해서입니다.

독일 사회 민주당이 정치에 진출해 사회주의 사회를 만들려면 이번 선거에서 승리해야 합니다. 당신의 도움이 필요합니다.

제가 도움이 된다면 얼마든지요.

로자 룩셈부르크가 이 마을에 온대!

정말? 내가 잘못 들은 거 아니지?

로자는 내 우상이야! 여자도 남자만큼 능력 있다는 것을 직접 보여 줬으니까!

맞아! 난 일을 쉬더라도 연설을 들으러 갈래!

여러분, 사회주의는 훌륭한 사람들이 주는 크리스마스 선물 같은 것이 아닙니다! 사회주의라는 것은 노동자 스스로 움직여야만 쟁취할 수 있는 것입니다.

맞아!

옳소!

노동자 스스로의 노력으로, 모두 함께 힘을 합쳐 사회주의를 이뤄 냅시다!

로자! 로자!

로자의 노력에 힘입어 독일 사회 민주당은 지난 선거 때보다 다섯 배나 많은 표를 얻었습니다. 이 일을 계기로 로자는 당의 중요한 인물로 자리 잡았습니다.

스위스의 폴란드 왕국 사회 민주당 사무실.

유대인, 여자, 장애인이라는 약점에도 불구하고 로자 룩셈부르크는 누구보다 빛나는 존재가 되었다!

로자는 모든 편견을 이겨 내고 영향력 있는 사회주의자가 되었어.

네가 독일에서 성공한 것을 들었다. 독일은 나도 사업차 많이 들렀던 곳이지. 조만간 독일에서 너를 만나 보고 싶구나.

—너를 사랑하는 아버지

나도 아버지를 만나고 싶어. 하지만 지금은 그럴 때가 아니야. 지금은 사회주의 사상을 더 많은 사람에게 알려야 할 시기니까.

저 역시 아버지를 만나고 싶어요. 하지만 요즘은 매우 바빠서 만나 뵙기 어려울 것 같아요. 이렇게 편지로만 인사드리는 것을 용서하세요.

— 사랑하는 딸 로잘리아

언젠가 당당하게 폴란드로 돌아갈 거야!

몇 달 뒤.

편지 왔습니다.

사회주의 운동을 이끌며 바쁘게 지내던 로자에게 청천벽력 같은 소식이 전해졌습니다. 아버지가 돌아가셨다는 연락을 받은 것이었습니다. 몇 해 전, 어머니가 돌아가셨기에 충격은 더욱 컸습니다.

부친 사망, 조속히 연락 바람.

아아, 안 돼!

아버지가 마지막으로 만나자고 했던 걸, 바쁘다는 핑계로 거절하다니.

로자는 몇 달간 그 누구하고도 이야기를 나누지 못할 정도로 괴로워했습니다.

편지, 편지를 쓰자.
친구에게, 가족에게······.

괜찮아. 늘 해 왔던 일인걸.
이렇게 서서히 밖을 향해
다시 마음을 여는 거야.
오래전 그랬던 것처럼.

흑!

울면 안 돼! 반드시 내가 꿈꿨던
세상을 만들어 하늘에 계신
부모님께 보여 드리겠어!

여전히 남아 있는 차별

로자 룩셈부르크는 가난한 노동자들을 위해 혁명을 주장한
사회주의자로 잘 알려져 있지만 그에 못지않게 당시 사회에서
행해진 각종 차별에 저항한 사람이기도 해요. 로자가 꿈꾸는
세상은 민족, 인종, 장애와 상관없이 모두가 평등하게
대우받는 곳이었습니다.

여러 사회 운동가들의 노력으로 지금은 사회적인
차별이 많이 사라졌습니다. 그러나 세계 곳곳에는
아직도 가혹한 차별이 남아 있습니다.

나치가 유대인을 잡아 가두었던 아우슈비츠 수용소
© Tulio Bertorini

하나 　민족 차별

가장 대표적인 것은 제2차 세계 대전에서
나치와 히틀러에 의해 일어난 민족 차별입니다.
독일의 나치당이 권력을 잡고 있던 당시, 게르만
민족 외에 다른 민족은 나치에 의해 탄압받거나
수용소에 끌려가 강제 노동에 동원되었습니다.
특히, 유대교를 믿는 민족인 유대인과 일정한 거처
없이 유랑하며 사는 민족인 집시는 가장 가혹하게
탄압받았지요.

현대에도 민족 차별은 여전히 존재합니다. 특히
여러 민족이 한 나라를 이뤄 사는 경우, 소수 민족이
차별받는 경우가 많습니다. 튀르키예, 이란, 이라크와
같은 나라에서는 인구 4,000만 명이 넘는 유랑 민족인
쿠르드족에 대한 탄압이 국제 문제가 되고 있습니다.
일본에 거주하는 재일 한국인 역시 다른 민족적
뿌리를 가졌다는 이유로 차별받곤 합니다.

전통 복장을 한 쿠르드족

둘 　인종 차별

백인종, 황인종, 흑인종 등 피부색에 의한 차별은 가장
비인간적인 차별로 여겨집니다. 인종 차별 중에서는 백인에
의해 오랫동안 노예로 살았던 흑인에 대한 차별이 가장
심했지요.

미국에는 1960년대까지만 해도 흑인이 들어갈 수 없는 백인
전용의 교통수단, 화장실, 식당 등이 있었습니다. 지금도
보이지 않는 차별이 계속되기 때문에, 여전히 차별 반대를
외치는 흑인들의 시위가 벌어지곤 하지요.

유색 인종용 분수대가 분리되어 있는
1930년대 미국의 모습

남아프리카 공화국은 '아파르트헤이트'라는 극단적인
인종 차별 정책을 폈습니다. 이 법에 의하면 흑인들은
가질 수 있는 직업이 정해져 있었고, 백인과 같은 공간에
있을 수도 없었어요. 이 정책은 1994년 넬슨 만델라가
남아프리카 공화국의 첫 흑인 대통령이 되면서 공식적으로
폐지되었어요.

오스트레일리아 역시 최근까지도 백인 우선 정책을 내세워
동양인이나 흑인의 이민을 차별했습니다. 그러나 제2차 세계
대전 이후 노동력이 부족해지자 유색 인종에 대한 이민을
차츰 허용했고, 지금은 인종에 대한 차별이 거의 사라졌어요.

남아프리카 공화국 최초의 흑인 대통령
넬슨 만델라(1918~2013년)
ⓒ South Africa The Good News

who? 지식사전

홀로코스트

제2차 세계 대전 중에 독일 나치에 의해 저질러진 인류 역사상 최악의 대학살을
말합니다. 특히 아우슈비츠의 유대인 포로 수용소에서는 전쟁이 끝날 때까지 무려
600만 명의 유대인들이 학살되었습니다. 히틀러는 가장 우월한 민족인 게르만
족 외에 다른 민족은 쓸모 없다고 주장했어요. 그러면서 인종 청소를 한다며
무차별적으로 사람들을 고문하고 죽였지요. 홀로코스트는 인간이 어디까지
잔인해질 수 있는지를 극단적으로 보여 주는 사건입니다.

수용소에서 살아남은 유대인 어린이

셋　여성 차별

옛날부터 남성을 중심으로 구성된 사회에서는 여성에 대한 차별이 있었어요. 현대에는 여성의 역할이 커지고 사회 진출도 활발해지면서 차별이 줄어들고 있지만, 여전히 여성에 대한 차별은 사회 곳곳에 남아있습니다. 특히 일부 지역에서는 종교나 관습을 이유로 여성의 인권을 심각하게 위협하는 경우도 있습니다. 예를 들어 2001년까지 아프가니스탄을 장악했던 탈레반이라는 이슬람 무장 단체는, 여자는 교육을 받을 수도, 병원에도 갈 수 없으며, 운전을 할 수도 없게 했습니다. 심지어 가족인 남자와 동행하지 않고는 집 밖으로 나가는 것도 금지했고, 이런 규칙을 어겼을 때 그 자리에서 처형한 사례도 있습니다. 탈레반 정권이 끝났지만 여전히 많은 여성이 다른 남자와 이야기했다는 이유로 코를 잘리는 등의 가혹한 폭력에 노출되어 있습니다. 이슬람교에서는 오래전부터 여성을 보호하기 위해 여러 가지 전통을 만들었는데, 시간이 지나면서 전통이 변질되어 여성을 억압하는 행동으로 나타나고 있는 거예요.

탈레반 반대 시위를 벌이는 여성들 © RAWA

who? 지식사전

양성평등을 상징하는 기호
© Mutxamel

양성평등

남자와 여자는 신체적으로 서로 다른 특징을 가지고 태어나요. 그러나 그러한 신체적 특징이 개인의 능력을 결정짓는 것은 아니지요. 남자와 여자 모두는 개인의 특성과 능력을 살려 가정과 사회에서 각자의 역할을 하게 되기 때문입니다. 이렇듯 성에 따른 차별을 받지 않고 자신의 능력에 따라 동등한 기회와 권리를 누리는 것을 양성평등이라 말하는데, 양성평등 사회가 될수록 남녀의 지위가 평등해지고 자신의 능력에 따른 다양한 사회생활과 직업 선택이 가능해집니다. 우리나라는 2010년, 남녀불평등지수가 138개국 중 20위를 기록했습니다. 국제적인 기준으로 봤을 때, 불평등이 아직은 심한 편이지요. 이것은 양성평등을 위해 우리 사회가 더욱 노력해야 한다는 것을 의미합니다.

넷　종교 차별

같은 나라 사람이면서도 종교가 다르다는 이유로 차별하는
경우가 있어요. 다른 종교를 믿는 사람들을 인정하지 않는
경우도 있고, 같은 종교 안에서도 의견이 다르다는 이유로
서로를 차별하는 경우도 있어요.

대표적인 것이 이슬람교의 종파 간 갈등입니다.
이슬람교는 경전의 해석 차이에 따라 시아파와 수니파로
나뉘어요. 두 종파는 서로를 인정하지 않아 많은 갈등을
겪고 있습니다. 이슬람교를 국교로 하는 대부분의
나라에는 시아파와 수니파가 함께 살고 있습니다.
그럼에도 불구하고 서로를 차별하고 적대시하는 경우가 많고,
심지어는 상대 종파의 사원을 공격하거나 신도들을
폭행하기도 해요.

세계에는 다양한 종교가 있지만 대부분은 공통적으로
사랑과 평화를 가르치고 있어요. 진정으로 종교를
믿는 사람들이라면 다른 생각을 가지고 있다고 해서
차별하고 미워할 것이 아니라 서로의 다른 점을
인정하고 이해하려는 자세가 필요합니다.

무장 단체 IS에 맞서는 쿠르드족 민병대의 모습. IS는 극단적인 수
니파 무장 단체로, 한때 국제 사회에 커다란 위협이 되었습니다. ©
Claus Weinberg

나와 다른 종교를 가진 사람들을 인정하고 포용하는 마음가짐이
중요합니다.

차별에 맞선 흑인 복서, 무하마드 알리

무하마드 알리는 권투 역사를 통틀어 가장 위대한 선수로 불리는 천재 권투 선수예요. 이름이
캐시어스 클레이였던 알리는 로마 올림픽에서 금메달을 따 미국의 영웅이 되었지요. 하지만 국민의
영웅이었음에도 불구하고 흑인이라는 이유로 백인들이 있는 식당에 들어가지 못하는 차별을
겪습니다. 이후, 알리는 흑인 인권 운동가였던 맬컴 엑스의 영향을 받아 이슬람교로 개종했으며
이름도 무하마드 알리로 바꿔요. 훗날 알리는 프로 선수가 되어 세계 챔피언의 자리에도 올랐지만
"베트남 공산주의자와 싸우느니 흑인을 억압하는 세상과 싸우겠다!"며 미국이 진행 중이던 베트남
전쟁 파병을 거부해 챔피언 자격을 박탈당했습니다.

무하마드 알리
(1942~2016년)

6 난 쓰러지지 않아!

어서 오세요!

1900년경, 로자의 명성은 전 유럽으로 퍼져 나갔습니다. 그리고 로자가 독일에 마련한 집은 사회주의 운동의 중심이 되었습니다.

유명해진 만큼 위험도 커졌습니다. 독일을 돌아다니며 연설을 한 로자는 1904년, 연설의 내용을 문제 삼은 사람들에 의해 법정에 서게 되었습니다.

로자 룩셈부르크, 당신은 집회에서 '독일 노동자들이 만족스러운 삶을 살고 있다고 말한 누군가는 아무것도 모르고 있는 것이 분명하다'라고 말했습니다.

여기서 말한 누군가가 독일의 황제를 가리키는 것이 사실인가요?

네!

황제 폐하를 모욕한 로자 룩셈부르크에게 3개월 구금을 선고한다!

로자, 로자! 좌절하지 마세요!

우리가 당신 뒤에 있습니다!

로자는 감옥에서 신문을 읽으며 세계정세를 파악했습니다.

세계 곳곳에서 사회주의자에 대한 탄압과 시위가 이어지고 있구나.

거듭된 시위와 가혹한 탄압. 많은 사람이 희생되겠어.

독일의 사회주의자들도 자꾸만 변하는 것 같고……

경제가 발전하면 평등한 사회가 올 거라고? 처음과는 달리 혁명을 통해 사회를 바꾸려고 하지 않잖아.

아직도 가야할 길이 멀구나……

겨우 감옥에서 풀려난 로자는 레오와 평화로운
한때를 보낼 수 있었습니다.

가끔은 힘든 투쟁 대신 레오와
평범한 행복을 누리고 싶어.
하지만 지금은 힘들겠지.

할 말이 있나요,
로자?

언젠가 우리가 바라는
세상이 오면,
햇살이 비추는
거리를 함께 걸어요.

좋아요, 로자.

평화로운 시기는 잠깐이었습니다. 1905년 1월 22일 일요일, 러시아의 수도 페테르부르크에서 경제적 어려움을 호소하기 위해 노동자들이 벌인 평화 시위가 군대에 의해 가혹하게 진압되었습니다. '피의 일요일' 사건입니다.

러시아 차르는 물러나라!

노동자들이 힘을 합치자!

영국

폴란드

러시아

프랑스

이 학살 사건은 러시아뿐만 아니라 러시아의 지배를 받던 나라들에까지 순식간에 퍼져 나갔습니다.

곧 폴란드에서도 파업을 벌이고 혁명을 일으킬 거예요!

나도 폴란드로 가서 혁명에 함께해야겠어요.

그럼, 난 이곳에 남아 사람들을 돕겠어요.

끄덕

바르스키 동지! 이 밀서를
레오에게 전달하세요!

카미메슈 동지!
비밀 당원들의 명단을
제네바로 보내 주세요.

으음!

로자!

그만 쉬어요!
열이 너무 심해요.

목숨을 걸고 움직이는
동지들에 비하면 이 정도는
고통도 아니에요.

안전한 곳에서 이렇게
지낼 수는 없어요. 폴란드의
상황이 급박하다고요.

상황이 심상치 않아.
아무래도 폴란드에 직접
가야겠어.

난 쓰러지지 않아! **137**

로자는 폴란드 정부에 위험 인물로 등록돼 있어서
정상적인 방법으로는 입국할 수 없었습니다.
그래서 독일인으로 위장하고 그해 겨울, 폴란드에
잠입했습니다.

로잘리아!

요제프 오빠!

얼른 들어와!

너 여기가 어디라고 온 거야!
비밀경찰에게 들키면
그 자리에서 죽을지도
모른다고!

나 혼자 안전한 곳에
있을 수 없었어.
수많은 동지가
목숨 걸고 투쟁하고
있는걸!

이 어리석은 녀석!

오빠!

폴란드 정부는 로자가 폴란드에 잠입했다는 것을 알아 내고 수배령을 내렸습니다.

이번 시위는 실패예요. 군인들이 무차별 탄압을 시작하자 사람들이 겁을 먹고 움츠러 들었어요.

그래도 포기하거나 좌절하지 마세요! 3월에 열리는 회의에서 사람들을 꼭 설득할게요.

독일에서도 시위가 벌어졌다니까 그쪽도 지원해야 할 것 같아요.

그럼, 여긴 우리에게 맡기고 독일로 가세요.

난 쓰러지지 않아! **139**

이 반역자들! 한 명도 빠짐없이 잡아!

1906년 3월 4일 일요일 새벽.
경찰이 급습하여 로자와 레오,
그리고 동료들을 붙잡았습니다.

이름이 안나 마취케라고?
독일 사람이 어째서
폴란드에 와 있는 거야?
도대체 네 정체가 뭐야!

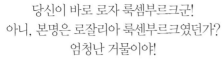

당신이 바로 로자 룩셈부르크군!
아니, 본명은 로잘리아 룩셈부르크였던가?
엄청난 거물이야!

정체를 잘 숨겼지만,
아쉽게도 당신 고향집에
가족사진이 있었어.

로자는 신분을 숨겼지만, 경찰이 이미 가족들에게서 압수한 사진이 있었기에 정체를 들키고 말았습니다.

로자 룩셈부르크!
얼른 들어가도록!

너무 더럽고 축축해.
이곳에 비하면 독일의 감옥은
천국이나 마찬가지였구나.

더럽고 좁은 감옥에 갇힌 로자는 병을 얻으며 몸이 점점 나빠졌습니다.

몸이 너무 아파. 레오와 가족들이 보고 싶어……

로자 룩셈부르크! 면회!

로잘리아!

너 몸이……!

오빠…….

조금만 참으렴. 널 구출하기 위해 여러 방면으로 애를 쓰고 있어.

러시아어로 이야기해! 러시아어로!

네네~ 제가 러시아어가 서툴러서 말입지요. 죄송합니다.

로잘리아, 몸조심하렴.

너무 걱정하지 마. 난 괜찮으니까.

내가 알아본 바로는 로자가 간힌 감옥의 사령관이 뇌물을 밝힌다더군.

뇌물을 건네주는 건 내가 맡지. 가족인 나라면 뇌물을 줘도 이상할 게 없어.

하지만 풀려나려면 명백한 이유가 있어야 해! 로자는 워낙 유명한 인물이라서 쉽게 놔 주진 않을 거야.

그건 내게 맡겨. 로자의 건강이 무척 안 좋아 보였는데, 그걸 핑계 대면 돼.

그때까지 로자의 몸이 버텨야 할 텐데.

사령관 수슈코프는 거액의 뇌물을 받고 로자를 풀어 주었습니다.

로자 룩셈부르크는 병이 깊으니, 풀어 주도록.

이렇게 하면 되나?

감사합니다!

대신 폴란드를 절대로 떠나면 안 돼. 심문도 몇 차례 더 받아야 하거든.

이렇게 너그러우신 사령관님을 만나다니, 로자는 운도 좋지 뭐예요.

로자, 어서 가자꾸나.

오빠!

감옥에서 나온 로자는 폴란드 경찰의 감시를 피해 핀란드로 탈출했고, 스웨덴을 거쳐 독일로 돌아갔습니다.

끼익

로자, 돌아왔군요!

몸은 괜찮아요?

수많은 사람이 죽었습니다!
전 유럽의 사회주의자들은
힘을 합쳐 각국의 정부에
사회주의에 대한 탄압을
멈추도록 요청해야 합니다.

그래야 하긴
하는데…….

지금은 상황이
어려워서.

어떻게 된 거지?
사람들이 모두 시선을
피하고 있어!

내가 이곳에 없는 동안
사람들에게서 열정이
사라진 것 같아.

그럴 수밖에.

세계 각지에서 혁명 실패의
소식만 전해져 오고, 능력 있는
사람들은 모두 붙잡혀 갔지.

그러니 당원들도 맥이 빠져서 예전처럼 열정적으로 사회주의를 주장하지 않아.

하긴 나 역시도 가까스로 풀려난 도망자 신세니.

하지만 이대로 맥없이 있으면 안 돼. 당 지도부를 만나 봐야겠어.

썩 좋은 생각 같지는 않은데.

어째서?

내가 말하는 것보다 직접 느끼는 게 빠를 거야.

당 지도부 사무실.

지금은 투쟁을 잠시 쉬어야 하는 기간이에요, 로자.

뭐라고요?

지금은 정부가 투쟁을 매우 예민하게 받아들여요.

어허! 말이 지나쳐요!

전 제 방식대로 투쟁을 계속하겠어요!

그래서 투쟁을 접고 정부의 눈치나 보자는 뜻인가요? 그러고도 당신이 당 위원이라 할 수 있어요?

전 쥐가 들끓고 오물 냄새가 진동하는 감옥 안에서, 탄압 받는 노동자들의 진정한 현실을 봤습니다!

지금은 투쟁을 멈출 때가 아닙니다. 더 강하게 나가야 할 때입니다.

이제는 당의 영향력이 커졌으니 더는 로자에게 의지할 필요가 없어요.

로자에 대한 지지도 예전 같지 않습니다. 지금은 우리 편이 더 많아요.

로자는 사회주의 운동을 더욱 강하게 펼쳐야 한다고 주장했지만, 독일 사회 민주당은 로자의 의견에 찬성하지 않았습니다. 그들은 로자의 도움을 받던 과거와 다르게, 이미 정부의 일원으로 권력을 잡은 상태였기 때문입니다.

로자는 변했다!
분쟁만을 일으키고 있다!

예전에는 이렇게 날 비난하지 않았어. 저들 말대로 내가 변한 건가?

네가 변한 게 아니야. 당이 변한 거야.

힘이 없을 때는 네 도움이 절실히 필요했지. 하지만 선거에서 승리하고 난 뒤, 네 도움 없이도 당을 유지할 수 있게 됐어.

지금의 사회 민주당은 정부와 투쟁하는 대신 손을 잡는 것을 선택한 거야.

그래도 아직 당신을 지지하는 당원이 많습니다.

내가 변한 게 아니라면, 이대로 포기하지 않겠어!

잘 생각했습니다, 로자. 당신이 그렇게 말하기만을 기다렸어요!

아……

로자! 지금은
약해진 몸부터
추스르도록 해.

으.

네가 건강해야 우리 당이
다시 투쟁을 시작할 수 있어.

얼른 건강을 찾아서
우리 모두를
이끌어 주세요!

이 무렵 시베리아에 끌려갔던 레오가
극적으로 탈출해 독일로 돌아왔습니다.

로자!

레오!
무사히 돌아와서
정말 다행이에요.

얼마 뒤.

기분이 좋아 보이는데 무슨 일 있어요?

중요한 손님이 찾아온다고 해서요.

로자! 카를 리프크네히트 당 위원이 찾아왔어요.

왔군요!

오랜만이에요.

로자, 다시 만나 반갑습니다.

아직도 당신을 지지하는 사람이 많아요. 그러니 좌절하지 말고 계속 전진합시다.

앞으로 바빠지겠어요.

지지해 줘서 고마워요. 덕분에 자신감이 생겼어요.

사회주의 혁명가들

로자 룩셈부르크가 활동했던 시대에는 돈을 가진 일부
사람들이 권력을 쥐고 힘없는 노동자들을 착취하는 일이
많았어요. 한번 권력을 잡은 사람은 자신의 배를 채우기 위해
법을 어기고, 죄 없는 시민들을 괴롭히기도 했지요. 로자와
같은 사회주의 혁명가는 바로 이렇게 일부 사람들에게
집중되어 있던 권력을 빼앗아 새로운 세상을 만들고자
노력했어요. 그럼, 역사적으로 기억되는 혁명가들에 대해
알아볼까요?

체 게바라(1928~1967년)는 아르헨티나 출신
의 혁명가입니다.

하나   체 게바라

체 게바라는 아르헨티나 출신의 혁명가입니다. 부유한
집안에서 태어나 의과 대학을 졸업하고 의사의 길을
걸었지만, 친구와 함께 남미를 여행하면서 사람들의 피폐한
삶과 심한 빈부 격차를 목격하고 충격을 받았지요. 이때의
경험으로 의사의 길을 버리고 혁명가가 되기로 한 체 게바라는
멕시코에서 피델 카스트로를 만났습니다. 체 게바라와
카스트로는 부패한 독재자가 권력을 잡고 있던 쿠바에 혁명을

who? 지식사전

혁명의 나라, 쿠바

쿠바의 정식 명칭은 쿠바 공화국입니다. 21세기에 몇 남지 않은 사회주의 국가지요. 미국과 남아메리카 대륙 중간에 있으며,
카리브해와 대서양을 접하고 있어 '카리브해의 진주'라 불리기도 합니다.
쿠바는 300년이 넘는 긴 시간 동안 에스파냐의 지배를 받았습니다. 에스파냐로부터 독립한 뒤에는 100년 가까이 미국의
통치를 받았지요. 오랜 시간 다른 나라의 간섭을 받으면서 쿠바의 지배 계층은 부패했고, 시민들의 생활은 점점 어려워
졌어요. 이런 점이 쿠바 혁명이 일어나는 결정적 계기가 되었습니다.

일으키기로 결심하고, 1956년 쿠바로 숨어들었습니다.
깊은 산속에 숨어서 같은 뜻을 가진 사람들과 혁명을 준비한
체 게바라와 카스트로는 1959년, 민중들의 지지를 받으며
수도 아바나를 점령합니다. 그들은 그곳에서 독재자를
쫓아내고 새로운 정부를 세웠습니다. 두 사람은 농지
개혁법을 만들어 토지를 독차지하고 있던 대지주들의
땅을 빼앗아 농민들에게 나눠 주었습니다. 또 설탕과
석유를 독점하고 있던 미국계 회사를 쫓아내고 쿠바
정부가 운영하도록 했습니다.

이후 체 게바라는 볼리비아로 넘어가 혁명을
주도했지만, 소련을 비판했다는 이유로 볼리비아의
공산 정권으로부터 환영 받지 못했어요. 그 무렵
미국에서도 체 게바라를 위험한 인물로 지정하고
현상금을 내걸었습니다. 체 게바라는 이런 상황
속에서도 혁명을 이루기 위해 끝까지 노력했지만,
결국 볼리비아 정부군에 처형당했습니다.

체 게바라와 함께 쿠바 혁명을 주도한 피델 카스트로
(1926~2016년)

이렇게 안타까운 최후를 맞이한 체 게바라지만, 그는 자신에게
주어진 부와 권력을 버리고 다시금 혁명의 길로 나선 진정한
혁명가로 사람들에게 기억되고 있습니다.

모터사이클 다이어리

'모터사이클 다이어리'는 체 게바라가 청년 시절, 친구와 함께 오토바이를 타고 남미를
여행했던 8개월간을 재구성해 만든 영화입니다.
이 영화에서는 혁명을 이끄는 지도자로서의 모습이 아닌, 순수함과 꿈으로 가득 차 있던 청년
체 게바라의 인간적인 면을 볼 수 있습니다. 또한, 열정을 가진 의사 체 게바라가 여행을 통해
다양한 사람들을 만나면서 현실을 깨닫고 점차 혁명가로 변해 가는 과정이 남미의 아름다운
풍경과 함께 흥미진진하게 펼쳐집니다.

오토바이로 남미 여행을 떠났
던 스물두 살의 체 게바라

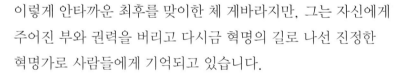

둘 　 레온 트로츠키

레온 트로츠키는 러시아의 사상가로 혁명을 통해 소련을
건국하는 데 큰 공을 세운 사람이에요.
부유한 집안에서 태어나 외국인이 많이 살던 지역에서 자란
트로츠키는 누구보다도 세계정세를 보는 눈이 밝았어요.
그런 트로츠키에게 당시 러시아는 유럽의 다른 나라들보다
가난하고 불안정해 보였지요. 이런 환경 속에서 트로츠키는
어린 나이에도 낙후된 러시아를 바꾸고 싶다는 생각을 하게
되었어요.
성인이 되어 마르크스의 사상을 따르게 된 트로츠키는
블라디미르 레닌과 함께 임시 정부를 쫓아내고 공산주의
혁명을 일으켰습니다. 이후, 러시아가 다시 분열될 조짐을
보이자 노동자와 농민으로 이루어진 붉은 군대를 조직해
내전을 빠르게 정리합니다.
레닌이 세상을 떠난 뒤, 스탈린이 소련의 새로운 지도자가
되자 스탈린과 다른 의견을 가지고 있었던 트로츠키는 정부와
대립합니다. 그러자 이미 소련의 권력을 차지하고 독재자가 된
스탈린은 트로츠키를 위험한 인물로 여기고 국외로 추방해
버렸지요. 트로츠키를 따르는 붉은 군대는 스탈린을
몰아내고 권력을 차지하라고 주장했지만, 트로츠키는
폭력을 반대하며 순순히 추방을 받아들였어요. 이후,
그는 튀르키예에 머무르며 스탈린을 비난하는 글을
쓰다가 유럽을 떠나 멕시코로 망명했습니다.
한편, 경쟁자가 사라진 스탈린은 트로츠키를 따르는
사람들을 모두 제거하고 트로츠키마저 암살하려는
계획을 세웠습니다. 그리고 얼마 뒤, 그 계획을 실행에
옮겼지요. 결국, 멕시코에 있던 트로츠키는 스탈린이
보낸 사람들에 의해 암살되는 비극적인 최후를 맞이하고
말았습니다.

레온 트로츠키(1879~1940년)는 러시아의
사상가이자 혁명가입니다.

블라디미르 레닌과 함께 있는 레온 트로츠키

셋 김산

본명이 장지락인 김산은 일제 강점기에 중국과 조선에서
활동한 사회주의 혁명가예요. 김산은 어린 시절부터 3·1
운동과 학생 만세 시위에 참여하는 등 민족 의식이 강한
사람이었지요. 그는 성인이 된 뒤, 일본으로 유학을 떠나
그곳에 사는 조선 사람들과 일본인 노동자이 겪는 열악한
생활을 보며 사회의 부조리한 면에 눈을 뜨게 됩니다.
이때부터 청년 김산은 사회주의에 빠져들었어요. 또 모든
정치 권력과 사회의 규칙, 지배를 거부하는 무정부주의자로
활동하기도 합니다.

김산(1905~1938년)

만주로 건너간 김산은 〈독립신문〉의 발행을 도우며
독립운동에 참여했어요. 그러던 중 중국의 사상가 쑨원의
글을 접하게 되었지요. 쑨원의 글과 사상에 감명을 받은
김산은 중국 공산당에 들어가 중국의 혁명을 돕기로 합니다.
이후, 김산은 상하이에서 중국 혁명에 힘을 보태는 한편,
'조선 민족 해방 동맹'을 만들어 일제에 대항하는 독립운동도
펼쳤습니다. 이 무렵 김산은 《중국의 붉은 별》로 유명한 작가
에드거 스노의 아내 님 웨일즈와 교류하며 자신의 삶을 담은
《아리랑》을 집필하기 시작했어요. 그러나 김산은 본격적으로
자신의 뜻을 펼쳐 보기도 전인 1938년, 일본의 스파이로 몰려
중국 공산당에 체포돼 비극적인 최후를 맞고 말았습니다.
김산이 세상을 떠난 뒤, 1941년에 님 웨일즈가 김산이
완성하지 못한 《아리랑》을 출판하면서 조선인 혁명가 김산의
이야기가 세상에 알려졌습니다.
1984년, 중국 공산당은 김산에 대한 처형은 잘못된
조치였다고 공식적으로 발표했습니다. 이로써 스파이로
몰려 억울하게 죽었던 혁명가 김산은 명예를 회복할 수
있었지요.

김산의 독립운동과 삶을 토대로 만들어진
책 《아리랑》의 초판

7 불꽃같은 삶을 산 혁명가

동지들에게 사회주의를 더 쉽게 설명해 주는 책이 필요해.

일반적인 사회주의 책은 노동자들이 이해하기 힘들어.

1913년, 로자는 교육 수준이 낮은 당원이나 노동자들을 위해 《자본축적론》이라는 사회주의 경제학 책을 집필하기 시작했습니다.

*자본이 힘을 가진 쪽으로만
흐르니 우리 같은 노동자가
더 가난해지는 거야.

사회주의자들의 말은 너무
어려웠는데 로자의 책을 읽으니
어느 정도 이해가 돼.

이 책에 따르면 영국과 프랑스 같은
자본주의 국가는 약한 나라를 침략해 땅과
노동력을 빼앗고 있어.

《자본축적론》은 일반 사람들이 사회주의를 이해하는 데
큰 도움을 주었고, 로자가 사회주의 사상가로서 이름을
알리는 큰 계기가 됐습니다.

어떻게든 상품을 팔아
돈을 더 벌기 위해서지.

로자! 네가 쓴 책이
여기저기서 난리야. 현재
자본주의의 문제점을
예리하게 지적했던 걸.

가난하고 힘없는
나라를 착취하는
지금의 체제는
오래가지 못할
거야.

*자본: 장사나 사업 따위의 기본이 되는 돈

여러분! 십 년 전과 비교하면 우리는 얼마나 발전했나요? 한때 독일은 사회주의자를 탄압하는 법을 만들었습니다.

하지만 지금 그 법은 사라졌고, 우리의 세력은 점점 더 커지고 있습니다.

느린 걸음이지만 우린 평등한 세상을 만들기 위해 한 걸음씩 나아가고 있어요.

전 이 구호가 전 유럽에 울려 퍼지기를 바랍니다.

전 세계 노동자들이여! 단결하자!

전 세계 노동자들이여! 단결하자!

그러나 로자의 희망은 비극적이고 끔찍한 사건 앞에서 좌절되고 말았습니다.

1914년 여름, 제1차 세계 대전이 일어난 것입니다.

나라 간의 전쟁은 애국심 경쟁으로 이어졌고, 어제까지 동지였던 노동자들이 하루아침에 적이 됐습니다.

더러운 세르비아 놈! 감히 우리 황태자를 암살해?

무슨 소리야! 먼저 국경을 침략한 건 너희였어!

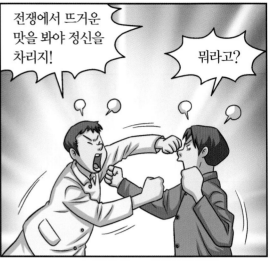

전쟁에서 뜨거운 맛을 봐야 정신을 차리지!

뭐라고?

우리 당엔 동맹국인 독일과 오스트리아 사람 외에는 필요 없다!

우리도 고국에 총부리를 들이댄 네놈들과 함께할 생각 없다!

너무 걱정하지 마. 지금은 다투지만, 사회주의라는 이름 아래 다시 하나가 될 거야.

아니야. 그렇지 않아.

이 전쟁은 지금까지의 전쟁과는 달라. 모든 사상, 모든 정책, 모든 관계에 혼란이 올 거야.

이 전쟁에 승자는 없어. 모두가 패자일 뿐이야.

로자는 제1차 세계 대전이 승패와 관계없이 모든 나라를 폐허로 만들 거라는 내용의 글을 기사로 썼습니다. 그리고 안타깝게도 로자의 예언은 점차 현실이 돼 갔습니다.

독일이 전쟁에 참여하면서, 독일 사회 민주당은 갑자기 당의 정책을 바꾸었습니다.

정부의 정책에 협력하기로 했습니다. 우리도 전쟁 준비를 위한 예산안을 통과시키겠습니다.

뭐라고요?

우리 당은 노동자의 삶을 보호하고 그들의 권리를 지켜 주기 위해 만들어졌어요!

그러기 위해선 전 세계의 노동자가 함께 힘을 합쳐야 한다고요!

일단 우리부터 잘살아야 좋은 것 아니겠소!

전쟁은 아무것도 해결하지 못할 거예요! 결국 가난한 노동자만 고통받겠죠.

이건 말도 안 돼!

로자, 진정해요!

로자!

아아아악!

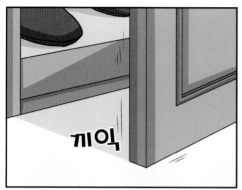

리프크네히트 위원! 투표 결과는 어떻게 됐지요?

결국 정부를 지지하는 쪽으로 통과됐습니다. 반대표는 오직 나뿐이었어요.

결국!

더는 독일 사회 민주당과 함께할 수 없어요! 새로운 조직을 만들어야 해요!

열정 있는 사람들만을 모아서 새로운 조직을 만들겁니다.

조직의 이름은 어떻게 해야 할까요?

사람들의 뇌리에 콱 박히는 이름이 좋을 것 같은데.

스파르타쿠스! 이 이름 어때요?

스파르타쿠스?

고대 로마의 검투사 스파르타쿠스?

로자는 당을 탈퇴한 뒤, 당의 정책에 반발하는 사람들을 모아 새로운 조직을 만들었습니다.

스파르타쿠스는 자유를 위해 투쟁하는 이들을 상징하지요!

스파르타쿠스는 고대 로마의 검투사로 자유를 위해 동료 검투사들과 함께 반란을 일으켰던 실존 인물입니다.

그거 괜찮은데요? 우리 이상에 딱 맞아요!

자유를 탄압하는 정부에 맞선다! 우리야말로 20세기의 스파르타쿠스들이지요!

스파르타쿠스단이여! 영원하라!

스파르타쿠스단이 결성된 뒤,
로자는 전쟁에 반대하는 운동을
이끌다가 붙잡혀 1915년부터
1년간 감옥에 갇혀야 했습니다.

로자, 걱정하지 마세요.
스파르타쿠스단은 레오와
제가 책임지고 이끌겠습니다.

당신들이 제 편인 게
얼마나 안심이 되는지
몰라요.

저렇게 가냘픈 여인이
로자 룩셈부르크라고?

맞아, 그 유명한
사회주의자 말이야.

따르는 사람이
어마어마하다며?

유난히 보고
싶은 사람들이
생각나는 날이야.

사회주의를 위해 나의 삶을
바치고 있지만, 가끔은
저 새처럼 자유롭게
날아다니고 싶어.

풀려난 이후에도 로자는 체포되고 감옥에 갇히길 반복했습니다. 수년간의 감옥 생활 동안, 그녀는 자기 생각을 담은 글과 편지를 많이 남겼습니다.

나는 때때로 인간이 아니라 한 마리 새가 되고 싶어요. 내 마음속 깊은 곳은 사회주의 운동을 할 때보다 정원의 한구석에 있을 때 더 편하답니다. 그렇다고 내가 사회주의를 배반한다고 질책하지는 말아요. 나는 항상 투쟁의 자리에서, 길거리의 전투나 감옥에서 생을 마치기를 소망합니다.

1918년, 독일에서는 반란이 일어나 황제가 물러났고, 독일 사회 민주당은 혼란의 와중에 정권을 잡는 데 성공했습니다.

오늘로써 독일은 공화국이 됐음을 선포합니다!

11월 9일. 로자는 감옥에서 풀려났습니다. 그러나 다시 찾은 스파르타쿠스단은 폭력적인 투쟁을 하는 과격 시위 단체로 변해 있었습니다.

리프크네히트 씨! 어떻게 된 일이죠? 내가 아는 스파르타쿠스단은 어디로 갔나요?

어쩔 수 없었어요, 로자. 독일이 전쟁에서 질 것 같자 정부가 이게 우리 탓이라며 심하게 탄압하고 있어요.

우린 자신을 지키기 위해 무기를 들 수밖에 없었습니다.

무기를 드는 스파르타쿠스단이라니! 전 이런 걸 원한 게 아니에요.

우린 다시 평화로운 시위를 해야 해요.

아니요. 지금은 우리 힘을 보여 줘야 할 때입니다!

일단 무기를 들고 위험에서 벗어납시다. 그다음 진정으로 노동자들을 위하는 정부를 만들어요.

로자는 과격 시위 단체로 변한 스파르스쿠스단과의 협조를 깊이 고민했습니다.

비록 스파르타쿠스단이 위험한 길을 선택했지만, 그들의 열정과 순수함은 변하지 않았어.

난 스파르타쿠스단을 돕겠어!

결심을 굳힌 로자는 신문과 잡지에 스파르타쿠스단을 지지해 달라는 호소문을 기고했습니다. 하지만 이미 정권은 독일 사회 민주당의 손에 들어갔고, 사람들은 그들의 정책을 지지하고 있었습니다.

애국자여! 독일 사회 민주당을 지지하라!

독일 사회 민주당은 독일을 더 강하게 만들어 줄 것입니다.

1919년 1월. 리프크네히트는 스파르타쿠스단을 이끌고 *무장봉기를 일으켰습니다.

우리 힘으로 세상을 바꾼다!

*무장봉기: 지배자의 무력이나 가혹한 정치, 억압에 대항해 무기를 들고 저항하는 것

결국 스파르타쿠스단이
들고일어났군.

그러나 스파르타쿠스단의 봉기는 독일 사회 민주당을 돕는 군인들에 의해
철저하게 진압됐고, 로자에게도 거액의 현상금과 함께 수배령이 내려졌습니다.

WANTED

결국, 1919년 1월 15일.
군인들은 숨어 있던
로자를 찾아냈습니다.

로자 룩셈부르크를
잡았습니다!

틀림없군.

죄인을 심문하겠다.
호텔로 데려가라.

호텔?
경찰서나
법정이
아니고?

날 재판도 하지 않고
죽이려는 거군요.

눈치가 빠르군.

이것이 마지막으로
보는 하늘인가.

그날 밤 11시 45분경. 호텔에서 이루어진 간단한
심문이 끝나고 로자는 밖으로 끌려 나왔습니다.

당신은 이제
끝났어!

떡

아악!

으음.

덜컹   덜컹

마지막으로 남길 말은 없나?

내가 남길 말은 한마디뿐. 전 세계의 노동자들이여, 단결하라!

탕

이날, 뛰어난 사회주의 사상가이자 혁명가인 로자 룩셈부르크가 살해됐습니다. 전 유럽을 대표하던 여성은 이렇게 숨을 거두었습니다.

다음 날 신문에는 로자가 경찰서로 호송되던 중, 시위자가 쏜 총에 맞아 죽었다고 조작된 기사가 났습니다.

안 돼, 로자!

모두 거짓말이다! 거짓이야! 내가 로자의 죽음을 밝혀내고 말겠다!

로자 룩셈부르크의 죽음, 그 진실을 밝히다!

로자가 호텔로 끌려간 직후, 로자를 처형하라는 명령이 내려졌다. 병사에게 맞아 쓰러진 로자는 포겔이라는 중위의 총에 맞아 살해되었다. 그리고 이렇게 살해된 로자의 시신은 비참하게도 강에 버려지고 말았다.

로자, 당신을 위해 할 수 있는 것이 이것밖에 없군요.

이 기사 좀 봐!

정부가 로자 룩셈부르크를 살해한 거야!

로자는 우리 노동자들에게 희망의 빛을 제시해 준 여인이야!

그녀는 이런 식의 비참한 최후를 맞이해서는 안 되는 사람이라고!

레오가 철저히 조사하여 쓴 기사는 독일 전체를 술렁이게 했습니다. 정치적인 의견이 다르다는 이유만으로 병으로 쇠약해진 여인을 죽이고 시신조차 없앴다는 사실에 국민은 크게 분노했습니다.

관련자를 모두 처벌해야 해. 진상을 밝혀내야 한다고.

이 나쁜 놈들!

로자를 살려내라!

천벌을 받을 놈들!

로자가 죽은 지 4개월이 지난 1919년 5월 31일. 로자 룩셈부르크로 추측되는 시신이 강에서 발견되었습니다.

설마, 로자 룩셈부르크?

그녀의 시신인 것 같아⋯⋯.

시신이 발견된 뒤에 진행된 로자의 장례식에는 엄청난 수의 사람이 몰려와 애도를 표했습니다. 모두가 평등하게 살 수 있는 세상을 만들기 위해 평생을 노력한 그녀를 얼마나 많은 사람이 사랑하고 아꼈는지를 알 수 있는 사건이었습니다.

유대인 출신의 여자, 거기다 장애를 가진 장애인이기도 했던 로자는 당시의 모든 차별과 한계를 극복하고 자신이 이루고자 한 세상을 만들기 위해 불꽃 같은 삶을 살았습니다. 로자 룩셈부르크는 인간이 인간답게 대접 받는 사회를 꿈꾸었고, 그것을 이루기 위해 온 힘을 다했습니다. 비록 비극적인 최후를 맞이했지만, 그녀의 열정적인 삶의 모습은 오랜 시간이 흐른 뒤에도 우리에게 깊은 감동을 주고 있습니다.

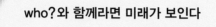

who?와 함께라면 미래가 보인다

어린이
진로 탐색

사회 운동가

어린이 친구들 안녕?
로자 룩셈부르크 이야기 재미있게 읽었나요?

그렇다면 이제부터
로자 룩셈부르크가 꿈을 키워가는 과정을 함께 되짚어 보며
그가 활동한 분야와 그 분야에 속한 다양한 직업에 대해
살펴봐요!

또한 여러분에게는 어떤 장점과 적성, 가능성이
숨어 있는지 찾아보면서
그것을 어떻게 진로와 연결시킬 수 있는지에 대해서도
알아봅시다!

그럼 지금부터
여러분이 멋진 꿈을 향해 나아갈 수 있도록 도와줄
진로 탐색을 시작해 볼까요?

자기 이해부터
진로 체험까지,
다양한 진로 탐색
활동을 시작해 봐요!

내가 잘하는 것과
못하는 것은?

로자 룩셈부르크는 어렸을 적 병으로 잘 걷지 못하게
되었습니다. 몸이 불편했던 로자는 학교에 가는 대신
부모님의 가르침을 받아 남보다 일찍 읽고 쓸 수 있게
되었지요. 그 후 편지 쓰기를 통해 자신의 글쓰기
실력을 더욱 향상시켰답니다.

여러분에게도 남들보다 잘하는 것과 못 하는 것이 있을
거예요. 잘하는 것을 더 잘하기 위해 무엇을 해야 할지,
못하는 것을 극복하기 위해 무엇을 해야 할지 생각해
보세요.

내가 잘하는 것은 ------------------------------

내가 잘하지 못하는 것은 ------------------------

더 잘하기 위해 해야 할 일은

못하는 걸 잘하기 위해 해야 할 일은

내가 관심 있는 것은?

로자 룩셈부르크의 조국 폴란드는 러시아의 지배를 받고 있었어요. 로자는 학창 시절 러시아의 차별과 지배 정책에 불만을 품고 폴란드의 독립을 꿈꾸었어요. 그러던 중 사회주의를 알게 되었고, 점차 폴란드의 독립보다 사회주의에 더 관심을 갖기 시작했어요.

이렇듯 관심을 가지는 분야는 시간이 지나면서 변하기도 합니다. 여러분은 예전에 무엇에 관심이 있었나요? 그리고 지금은 무엇에 관심이 있나요? 여러분의 관심이 바뀌게 된 이유에 대해서 생각해 보세요.

예전에 관심 있던 것:

지금 관심 있는 것:

관심사가 바뀌게 된 이유: ---------------------

더 좋은 사회를 만들기 위해
노력한 사람들

로자 룩셈부르크는 모든 사람이 인간답게 대접받는 사회를 꿈꾸며 온 힘을 다한
사회 운동가였습니다. 이렇듯 역사 속에는 더 좋은 사회를 만들기 위해 노력한 많은
사람들이 있어요. 그중에는 로자 룩셈부르크같이 사회 운동가인 사람들도 있고,
정치나 경제 등 다른 분야에서 활동한 사람들도 있지요. 더 좋은 사회를 만들기 위해
노력한 사람들은 누가 있는지 책이나 인터넷을 통해 알아보아요.

✳ 우리 사회를 더 좋게 만들기 위해 노력한 사람은 누가 있나요?

✳ 그 사람이 한 일은 무엇인가요?

✳ 그 사람과 로자 룩셈부르크의 비슷한 점은 무엇인가요?

✳ 그 사람과 로자 룩셈부르크의 차이점은 무엇인가요?

오늘날의 사회 문제를 알아보아요

로자 룩셈부르크가 살던 시대에는 여자라는 이유로, 유대인이라는 이유로, 장애가 있다는 이유로, 가난한 노동자라는 이유로 많은 사람들이 차별을 받았습니다. 오늘날에는 어떤 사회 문제가 있을까요? 아래에 있는 오늘날 사회 문제에 대한 설명을 읽고, 내가 사회 운동가라면 어떤 문제를 해결하기 위해 노력하고 싶은지 생각해 보세요.

✳ **오늘날의 사회 문제에 알맞은 것을 찾아 연결해 보세요**

(1) 바다, 숲 같은 주위의 환경이
    오염되고 파괴되는 문제   •   • ㉠ 노동 문제

(2) 여성이라는 이유로 교육, 일자리 등
    여러 면에서 차별받는 문제   •   • ㉡ 환경 문제

(3) 노동자가 법에 정해진 권리를
    보장받지 못하고 피해받는 문제   •   • ㉢ 여성 문제

(4) 장애인이라는 이유로 교육, 일자리
    등 여러 면에서 차별받는 문제   •   • ㉣ 장애인 문제

✳ **내가 사회 운동가라면 해결하고 싶은 문제:** ---

✳ **그 이유:**

정답: (1) ㉡ (2) ㉢ (3) ㉠ (4) ㉣

181

사회 운동가의 하루!

앞에서 본 사회 문제를 해결하려면 구체적인 계획을 세우는 게 좋겠지요?
언젠가 여러분이 사회 운동가가 되었을 때를 상상해 보세요. 하루를 어떻게 보내야
좀 더 효과적으로 사회 문제를 해결할 수 있을까요? 하루의 계획을 세워 보세요.

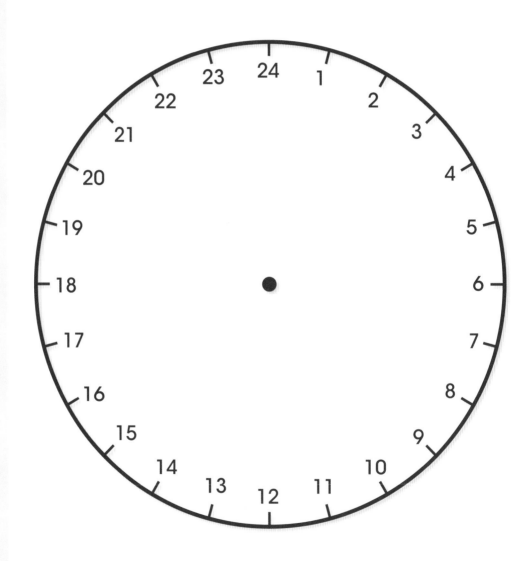

우리 학교 안의 문제 해결하기!

사회 운동가가 되어 보고 싶나요? 그렇다면 먼저 여러분의 학교 안에서 활동을 시작해 봐요. 학교에는 어떤 문제가 있나요? 주변을 잘 살펴본 후, 그 문제를 해결하기 위한 방법을 생각하여 보고서를 적어 보세요.

우리 학교의 (   ) 문제 해결을 위한 보고서

• 문제 상황

• 그로 인해 발생하는 불편한 점

• 그 문제를 해결하기 위한 방법

로자 룩셈부르크

1871년		3월 5일. 폴란드 루블린주 자모시치에서 태어납니다. 어렸을 때의 이름은 로잘리아 룩센부르크였습니다.
1874년	3세	관절에 이상이 생겨 다리를 절게 됩니다.
1887년	16세	바르샤바 여자 고등학교를 우수한 성적으로 졸업합니다.
1889년	18세	사회주의 활동 때문에 스위스로 망명을 갑니다. 이때, 이름을 로자 룩셈부르크로 바꿉니다.
1890년	19세	평생의 동지가 되는 레오 요기헤스를 만납니다.
1893년	22세	레오와 함께 '폴란드 왕국 사회 민주당'을 창당했습니다. 7월. 당 기관지인 〈스프라바 로보니차〉를 창간합니다.
1897년	26세	취리히 대학교에서 박사 학위를 받습니다.
1898년	27세	어머니가 사망합니다. 독일로 가서 국적을 취득하고 독일 사회 민주당 당원이 됩니다.

1900년	29세	아버지가 사망합니다. 큰 충격을 받고 몇 달 동안 괴로워합니다.
1904년	33세	독일 황제를 모욕했다는 이유로 3개월간 감옥에 갇힙니다.
1905년	34세	러시아에서 봉기가 일어나 전 유럽으로 혁명이 확산되자, 혁명 활동을 돕기 위해 폴란드의 수도 바르샤바로 갑니다.
1906년	35세	혁명 활동 중에 체포됩니다. 감옥 생활 중 동료와 가족들의 도움을 받아 핀란드로 탈출합니다.
1913년	42세	《자본축적론》을 출간합니다.
1918년	47세	스파르타쿠스단을 창설합니다.
1919년	48세	독일 공산당으로 이름을 바꾼 스파르타쿠스단의 봉기에 참가했다가 군인들에게 체포당합니다. 그리고 1월 5일, 비밀리에 살해당합니다. 3월, 레오 요기헤스에 의해 로자의 죽음에 대한 진실이 밝혀집니다.

찾아
보기

who? 한국사

초등 역사 공부의 첫 단추! '인물'을 알아야 시대가 보인다

● 선사·삼국   ● 남북국   ● 고려   ● 조선

※ who? 한국사(전 47권) | 대상 초등학교 전 학년 | 책 크기 188×255 | 각 권 페이지 190쪽 내외

who? 인물 중국사

인물로 배우는 최고의 역사 이야기

※ who? 인물 중국사(전 30권) | 대상 초등학교 전 학년 | 책 크기 188×255 | 각 권 페이지 190쪽 내외

who? 아티스트

최고의 명작을 탄생시킨 아티스트들을 만나다

● 문화·예술·언론·스포츠

※ who? 아티스트(전 40권) | 대상 초등학교 전 학년 | 책 크기 188×255 | 각 권 페이지 190쪽 내외

who? 인물 사이언스

기술로 세상을 발전시킨 과학자들의 이야기

● 과학 · 탐험 · 발명
01 알베르트 아인슈타인
02 스티븐 호킹
03 루이 브라유
04 찰스 다윈
05 제인 구달
06 장 앙리 파브르
07 마리 퀴리
08 리처드 파인먼
09 어니스트 섀클턴
10 루이 파스퇴르
11 조지 카버
12 아멜리아 에어하트
13 알렉산더 플레밍
14 그레고어 멘델
15 칼 세이건
16 라이너스 폴링
17 빌헬름 뢴트겐
18 벤저민 프랭클린
19 레이첼 카슨
20 김택진

● 공학 · 엔지니어
21 래리 페이지
22 스티브 잡스
23 빌 게이츠
24 토머스 에디슨
25 니콜라 테슬라
26 알프레드 노벨
27 손정의
28 라이트 형제
29 제임스 와트
30 장영실
31 알렉산더 그레이엄 벨
32 카를 벤츠
33 마이클 패러데이
34 루돌프 디젤
35 토머스 텔퍼드
36 일론 머스크
37 헨리 포드
38 헨리 베서머
39 앨런 튜링
40 윌리엄 쇼클리

※ who? 인물 사이언스 (전 40권) | 대상 초등학교 전 학년 | 책 크기 188×255 | 각 권 페이지 180쪽 내외

who? 세계 인물

세상을 바꾼 위대한 인물들의 이야기

● 정치   ● 경제   ● 인문   ● 사상
01 버락 오바마
02 힐러리 클린턴
03 에이브러햄 링컨
04 마틴 루서 킹
05 윈스턴 처칠
06 워런 버핏
07 넬슨 만델라
08 앤드루 카네기
09 빌리 브란트
10 호찌민
11 체 게바라
12 무함마드 유누스
13 마거릿 대처
14 앙겔라 메르켈
15 샘 월턴
16 김대중
17 드와이트 아이젠하워
18 김순권
19 아웅산수찌
20 마쓰시타 고노스케
21 마하트마 간디
22 헬렌 켈러
23 마더 테레사
24 알베르트 슈바이처
25 임마누엘 칸트
26 로자 룩셈부르크
27 카를 마르크스
28 노먼 베쑨
29 이종욱
30 존 메이너드 케인스
31 마리아 몬테소리
32 피터 드러커
33 왕가리 마타이
34 마거릿 미드
35 프리드리히 니체
36 지크문트 프로이트
37 존 스튜어트 밀
38 하인리히 슐리만
39 헨리 데이비드 소로
40 버트런드 러셀

※ who? 세계 인물 (전 40권) | 대상 초등학교 전 학년 | 책 크기 188×255 | 각 권 페이지 180쪽 내외

who? 스페셜 · K-pop

아이들이 가장 만나고 싶고, 닮고 싶은 현대 인물 이야기

스페셜
● 유재석
● 류현진
● 박지성
● 문재인
● 안철수
● 손석희
● 노무현
● 이승엽
● 손흥민
● 추신수
● 박항서
● 박종철 · 이한열
● 노회찬
● 봉준호
● 도티
● 홀트부부
● 페이커
● 엔초 페라리&
　페루치오 람보르기니
● 제프 베이조스
● 권정생
● 김연경
● 조수미
● 오타니 쇼헤이
● 킬리안 음바페
● 김민재
● 이강인
● 임영웅
● 아이브
● 문익환

K-pop
● 보아
● BTS 방탄소년단
● 트와이스
● 아이유
● 블랙핑크

※ who? 스페셜 · K-pop | 대상 초등학교 전 학년 | 책 크기 188×255 | 각 권 페이지 190쪽 내외